高效能教師的
七個成功訣竅

Jeff C. Marshall 著

賴光眞　張民杰
賴文聖　高博銓　譯

五南圖書出版公司 印行

The Highly Effective Teacher

7 Classroom-Tested Practices That Foster Student Success

Jeff C. Marshall

譯者序

　　本書名爲《高效能教師的七個成功訣竅》，書中提到的tips，作小寫時，是七個「訣竅」的英文字；若作大寫TIPS，也是本書重要的「教師教學目的性實踐量表」（teacher intentionality of practice scale）的縮寫。透過TIPS檢核，了解教師的教學狀況，進而參考作者提出的tips來改進教學，彼此之間有著文字間與概念間的對應，饒有趣味。

　　書中提到的七個訣竅猶如七項教學要達成的指標，而每個訣竅下各有兩項檢核重點，每項檢核重點又有三個等級（待成長、熟練、典範）的評定等級和行爲描述可以依循，每個訣竅又有四到五項行動策略，提供教師不斷精進的方法。這樣的架構，與我國的教師專業發展評鑑相關規準，有著異曲同工之妙。

　　本書作者提出的這七個訣竅，特別強調是指向提高學生學習成功的可能性，並且是以研究爲基礎，並經過實地測試，極具實務參考價值。不管是教師省思自己的教學與學生的學習，還是協助夥伴教師，促進其教學改進與提升學生學習成效，這些訣竅都是很有實用價值的反思內涵和實施工具，對於促進教師專業成長，提升學生學習成效，本書是不可多得的佳作。

　　本書各章以及附錄處，各附有需求評估工具或教師教學目的性實踐量表，可以自我評估或評估夥伴教師的教學專業表現。而譯者在翻譯

本書之同時，爲使本書得以在國內發揮更大的功能，因此參照本書內涵製作公開授課用之觀察紀錄表，並提供內涵說明、評定等級和行爲描述等。正值十二年課程綱要將於不久後推動，校長和教師每學年必須公開授課至少一次，以促進專業成長，本書發展的教學觀察紀錄表，可以作爲要準備什麼、觀察什麼、對話什麼，也就是備課、觀課和議課的主要依據。未來校長和教師公開授課時，可以直接複製並參考使用。

　　本書是一套以學習者爲中心的教師專業發展規準，期盼本書的翻譯與運用，可以作爲國內推動教學創新、教師專業發展的重要參考。

 謹識

前　言

　　教育工作者身處在一場必須要贏的戰爭中。這戰爭每一天在我們的學校中肆虐，但我們經常忘記處於危急險境之中。在這場戰爭中，我們的對手包括失敗、無望、疏離、冷漠和絕望。除了我們自己之外，關鍵人物還包括我們的學生，他們其中有一些人的生活看起來似乎複雜得難以理解，可以持續用有如在戰爭中這般比喻來描述他們每天的痛苦掙扎。

　　對於那些認為這些說法有點誇張的人，我要提醒你們，教育是未來成敗的關鍵，如果學生學習失敗，教育提供給他們的可能性便消失了。我們將讚美榮譽傾注給學校精挑細選出來的少數學生，但對於那些學習最落後的、失落的、失敗的及疏離的學生呢？

　　如果你正在讀這本書，你十之八九是正在為這些挑戰尋求解決方案，只是不知道該如何進行最好。作為教育工作者，雖然我們無法控制影響孩子教育成敗的每一個要素，但因為我們與每個孩子一同教與學，因此我們對在教室裡所發生的事情仍有著巨大的影響力。無論是職業生涯還是這本書，我對這兩者的目標都是幫助教師和教育領導者有機會發展他們的能力，以幫助**所有**學生能用更符應其個人潛能的方式來成長、成功，以及達到卓越。

　　本書首先要承認，我們不能解決困擾我們的學生、他們的家庭，

或者整個教育制度的所有問題。然而，本書確實提供一些能顯著改善學生成就和成功的建議和策略。我以這樣的假設作為開始：當透過有目的的、有效的教學改進來使我們的表現最大化時，我們可以大大提高教室中的學習。我的工作一向都證明這是可能的。

簡言之，本書提供了系統的方法，來研究和分析與學生學習成功直接相關的教師效能。具體來說，它聚焦在有目的性的、革新性的行動，當熟練地實施時，可以使教師提供的學習經驗，從經常是膚淺的、無效的，轉變成是具高度吸引力的、根本上目標明確的，以及深思熟慮的。改善教學的目的性可以為所有學生帶來較高的成就，以及更多的成長。

我希望本書可以激發重要的對話，幫助你、你的部門、你的學校或你的學區，在改善教學實踐的目的性，以促進學生獲得更大的學習成功，能有顯著的進展。有效的教學既不簡單也不容易，但是當我們能有效教學時，對於教師和學生都會是非常值得的。

目　次

緒　論

　　讓我先說明這本書**不是**什麼。這本書**不是**要在你已經盛滿的盤子上再增添另一項提議；也不是承諾可以解決你教室裡出現的所有麻煩事，提供給你一個未經測試的噱頭或快速解決方案。

　　相反地，本書聚焦在若干可以增加學生學習成功可能性的重要教師行動上，而它們係以研究為基礎，並經過實地測試的。這些教師行動是以教師效能測量——教師教學目的性實踐量表，或簡稱TIPS——的形式呈現，這個量表有助於指引你朝向達到熟練或熟練以上的水準做轉變。此外，這本書提供專業發展資源，有助於指引自我研究、學校層次的支持，或學區層次的成長。

　　本書所強調的七個教師效能重要面向，也許你已經熟練其中的一個或多個。如果是這樣，重要的是確認並慶賀這些區塊，並繼續精進之。然後，你的主要目標將是著手處理其他一個或多個目前尚未達到熟練的面向。從新手到專家，每一位教師都可以從本書獲得一些東西。

　　許多州正在重新修訂用以評估教師效能的衡量標準，因為絕大多數的教師（經常是幾近100%的教師）都獲得「熟練」或更高的評等。由於學生的學習和成就並未達到我們的期望，這樣的事實使得重新修訂教師效能衡量標準變得更為必要。這些說法是立基於包括科羅拉多、賓夕法尼亞、馬薩諸塞和紐約等各州教育部門2012-2014年分別公布的資

料。唯一合乎邏輯的結論是這些衡量標準遺漏了一些重要的事項，因為我們知道教師效能乃是學生成就的一項關鍵要素。更具體地說，我們知道，低成就的學生若受教於高度熟練的教師，成績差距可以大幅縮減，同時所有的學生也都能提高其學習成功的程度。

　　判斷教師熟練度時，大多數教師評鑑工具主要聚焦於教與學的基礎面向上（例如：規劃、班級經營、教學策略）。雖然簡單明瞭，也或許易於評鑑，但具備或缺乏基本教學技能（例如：在教室裡清楚的張貼標準或主要問題）不應該是教師效能的唯一衡量標準。諸如有效使用鷹架或促進有意義的論述，這些是較難測量的教學面向，但不同教師之間在促進學生學習成功會有重大的差異，就是與這些教學面向有關，它們導致高效能教師和其他教師之間有著許多的差異（Marshall, Smart, & Alston, 2016）。

TIPS架構

　　教師教學目的性實踐量表包括了教學和學習的基本要素，但不僅止於此，它進一步強調能提升學生學習成功的革新性教學實踐（例如：對所有學生抱持高期望，在學習環境與教學中增進創意，更高質與量的形成性評量，以及改善課堂互動）。TIPS架構提供可靠和有效的技能衡量標準，可以將熟練或典範的教師以及效能較低、發展中的教師給區別出來。具體而言，它包括與改善學生學習成果有關的七個可執行的訣竅：

訣竅1：發展能連貫並連結學生學習進展的課程

訣竅2：運用策略、資源與科技促進學習

訣竅3：營造安全、尊重、組織良好的學習環境

訣竅4：安排具挑戰性且嚴謹的學習經驗

訣竅5：激發互動與重思考的學習

訣竅6：建構具有創意與問題解決的文化

訣竅7：提供能引導和提示教與學的檢視、評量和回饋

訣竅1到3涵蓋教學效能的基本面向；訣竅4到7則針對雖然絕對重要、但卻更具挑戰性的要素。

　　每個訣竅指標包括有協助指引教師轉型變革的評分規準，並對等級1（待成長），等級3（熟練）和等級5（典範）提供有描述語。等級2和4表示存在有其上下兩個等級的某些成分。所有評分規準的項目都予以書面化和標準化，等級3（熟練）是所有教師應該努力達到的最低目標。雖然比起其他教師，有些教師已更接近這個目標，但所有教師都可以透過適當的支持和充分的專業發展，來達到熟練和熟練以上的等級。

本書的組織

　　TIPS架構是本書的核心。第一章標題為「需求評估」，幫助讀者確認他們個人的優點和弱點，並提供專業發展計畫，以協助指引所需的變革。後續各章分別解釋一個特定的訣竅，並使用類似的結構：(1)

討論該訣竅及其子成分，並附有教室示例；(2)針對該訣竅的每一指標（和子指標）達到熟練看起來應該像什麼樣子，所提出來的問題，這些問題用以促進自我反思、引導討論，以及促進更深入的探索和對話。這些問題在整本書中設定成粗體字，提醒讀者暫停、反思和討論想法，而且當你想再次參閱時，可以快速找到它們。

目標很簡單：改進教師的目的性；這適用於所有年級和所有學科。每個人的旅程都會有所不同，但本書提供了共同的主題、引導問題，並對教師經常遭遇到的挑戰提出解決方案。在有目的性的教學實踐上達到熟練或熟練以上的水準，雖然不易達成，但當學生學習成功變得明顯可見時，將會是非常值得的。

有些人可能會選擇從頭到尾閱讀本書，但是我建議另一種不同的方式。個人、團隊、學校或學區選定想要或需要的特定訣竅作為目標，致力於深度聚焦那些訣竅，唯有當該面向的教學實踐達到熟練或熟練以上的水準變成是常態而非例外之後，才移往其他訣竅。對於大多數讀者來說，「需求評估」一章將有助於確認合理的出發點。訣竅1到3可以為新老師，或正在重新審視其課綱或課程的學區或教師，提供良好的切入點。如果缺乏熟練的管理（訣竅3），那麼在其他以高期望為常態的面向上，例如：培養嚴謹、創意、解決問題的學習環境等（訣竅4到7），想要達到熟練，將會非常的困難。

以有目的性的教學造就差異

　　作爲教育工作者，我們被那些希望在一天或一週結束前完成的大量事務所轟炸。或許因爲聚焦在日常瑣事上，而沒能提醒自己思考**爲何**要做這些，造成我們失去了焦點，偏離了對學生和我們而言眞正重要的事務。我們的教學實踐要變得有目的性（在我們的時間和努力上），超越諸如爲報告打成績、回覆電子郵件和打電話給家長等這些短視的焦點。當我們更聚焦於**爲何**，從而更聚焦於我們教學的目的性時，我們會開始提出更具深度的問題來指引教學，例如：我要如何才更能吸引那些看上去心神已經渙散的學習者？我要怎麼做才能確保我的課程是對應的，學生學習能與我的目的／目標相符應？我要如何創造能挑戰所有學生的學習環境，同時爲那些有需要的學生提供鷹架支持？

　　優秀的教學不是與生俱來的技能，它需要有意的和持續的努力。本書核心的七個訣竅提供了一個務實的、細緻的架構，幫助教育工作者在教學方面進入下一個層次。TIPS架構鷹架支持教師的改進，其描述性的評分規準清楚說明教師需要做什麼，以期在教學和學習的各個面向上達到熟練。當教師可以用證據支持他們的表現時（例如：「我透過＿＿＿＿＿＿來鷹架支持學習」；「當＿＿＿＿＿時，高期望是明顯可見的」；「以下問題刺激了參與＿＿＿＿＿」），持續的反思以及研究個人的教學實踐，開始造就了差異。

　　每一個旅程都將是獨一無二的，然而目標是相同的：將心力投注到那些能在每一間教室中造就差異、且有研究爲基礎以及經過課堂測試的行動中。

需求評估
你最需要的是什麼？

正如我們必須差異化教學以適應不同學生的需求，我們需要將專業發展加以個別化，以滿足不同教師的需求。本章提供個人需求評估，以及相關的建議，協助指引每位教師、部門、學校或學區的專業發展。

在後續各章所強調的以研究為基礎、經課堂測試的七個教師行動（七個訣竅）中，我建議你花時間確定你最大的需求在哪裡。總的來說，TIPS（教師教學目的性實踐量表）架構所提出的所有七個核心指標，都提供了一個指引，可以顯著提升你教室中的教學以及隨之而來的學習。TIPS將我們所知可以提高學生學習成功的教師有目的性教學事項，全面性且聚合性地集中在一起。使用此架構甚至可以提供機會，讓你的學校或學區放棄掉先前曾要求的許多非必要事項。

本章的需求評估由28個敘述句組成。要求你回答與每一個敘述句相關的四個面向：(1)在你的課堂中發生的頻率；(2)你對此敘述句的信心；(3)支持你前述頻率和信心相關宣稱所需的證據量；以及(4)你是否認為你的學生會支持你的宣稱。分數加權如下：頻率（50%）、信心（20%）、證據（20%）及學生觀點（10%）。完成需求評估之後，將每個指標（類別）的總分從1到7排序，你的最低分者排1，最高分者排7。

　　需求評估的目的是幫助你澄清你的優點和弱點，認知到我們都有一些優點和弱點。具體來說，目的是讓你誠實和精確地報告你對每個敘述句的看法。要求你反思可得證據程度的欄位，則是試圖將你的看法，與你的實際的、可觀察的實踐相互校對。每個敘述句都與以研究為基礎、經過課堂測試的某個特定訣竅指標相連結。

　　不要直接在本書上記錄你需求評估的答案，從www.ascd.org/ASCD/pdf/books/marshall2016.pdf下載，密碼為marshall117001。電子表單會自動計算你在每個類別上的結果。完成問卷後，你只需要將項目排序。然後，你可以儲存、列印和分享你的答案。我建議你與另一位老師合作，並且每週討論一下你的需求、你的計畫，以及你的成長。或者，如果你喜歡獨自為之，本章可以幫助你建立未來一兩年的專業目標。

　　在更廣的範圍上，部門或學校可以使用集體的填答結果，讓專業發展經費支用在部門或學校真正的需求上，而不是依據直覺來行動，或者呼應不合理要求的推銷話術。填答結果可能會引導學校聚焦在最多教師共同認為是弱點的一個主題上，或者學校可能聚焦在幾個主題上，而每位教師則對其中一兩個領域有最大的需求。多年來我們已經知道，只參加為期一兩天的專業發展工作坊或者單場會議，將無法改善教師的表現或學生的成就，除非這些經驗是安置在持續性的專業發展努力中，積極地吸引教師致力達成與其教學內容或年級具體相關的目標（Banilower, Heck, & Weiss, 2007; Darling-Hammond, Chung Wei, Andree, Richardson, & Orphanos, 2009; Desimone, Porter, Garet, Yoon, & Birman, 2002; Marshall & Alston, 2014; Penuel, Fishman, Yamaguchi, & Gallagher, 2007）。一旦知悉和確定了核心需求，那麼有目的的、持續的和支援良好的專業發展即可

創建出來，讓教師、部門和學校更往前進。

使用TIPS需求評估工具

　　TIPS需求評估呈現在第11-13頁。使用以下符號表來對評估中的每個項目進行評分：

❶ TIPS需求評估的符號表

頻率分數
0 = 從不或非常少
1 = 每月一次
2 = 每週一次
3 = 每週數次
4 = 每天或幾乎天天
5 = 每堂課多次或整堂課如此

信心分數
0 = 對該主題僅有低度信心或沒有信心
1 = 對該主題有中度信心
2 = 對該主題有高度信心

證據分數
0 = 沒有證據支持我對頻率與信心的宣稱
1 = 有一些證據支持我對頻率與信心的宣稱
2 = 多重來源的證據支持我對頻率與信心的宣稱

學生支持
0＝學生不會支持我對頻率與信心的宣稱
1＝學生會支持我對頻率與信心的宣稱

排序
在完成自我評估之後，將所有總分從1到7排序，最低分者排1，最高分者排7。

完成排序後，確定哪兩個TIPS指標排序最低，這些是優先應鎖定的最適當領域。七個需求評估集群對應於以下的各項訣竅：

訣竅1：發展能連貫並連結學生學習進展的課程

訣竅2：運用策略、資源與科技促進學習

訣竅3：營造安全、尊重、組織良好的學習環境

訣竅4：安排具挑戰性且嚴謹的學習經驗

訣竅5：激發互動與重思考的學習

訣竅6：建構具有創意與問題解決的文化

訣竅7：提供能引導和提示教與學的檢視、評量和回饋

需求評估工具

	問題	頻率分數 0-5	信心分數 0-2	證據分數 0-2	學生支持分數 0-1	總分	排序
1a	我的課程能連貫一致（課綱、目標、課程內容／活動和評量，都是明確、連貫且編排有序）						
1b	我的課程能吸引學生投入過程技能和內容的學習						
1c	我的課程能夠連結學科內的其他內容以及其他學科						
1d	我的課程能夠連結學生的生活和真實世界						
					總分 1：		
2a	我的學生能夠主動參與教學，並將抽象概念連結具體經驗						
2b	我的教學策略是學生中心的（不只是要求學生模仿或再認而已）						
2c	我的教材和資源能夠使抽象概念具體化和視覺化						
2d	我的教材、資源和策略是有目的性的，而科技是可以變換的（容許學生做不無可能的事）						
					總分 2：		

3a	我的步調和轉換是有效率和平順的，學生可以針對提示即時回應						
3b	我的班級常規運作順暢，學生幾乎都能自動自發						
3c	我傳達可信賴的風度、對學生有正向的情感和耐心，我的學生也能夠參與正向和尊重的互動。						
3d	我和學生互動的過程是親近、支持和尊重的						
					總分3：		
4a	我對所有學生建立並傳達高度與適切的期望						
4b	我能示範並讓學生展現出堅持、毅力和自我監控						
4c	我確保所有學生不論能力高低都能獲得適切的學習挑戰						
4d	我能針對不同準備度的所有學生，差異化和鷹架支持他們的學習						
					總分4：		
5a	我激發所有學生整堂課都能參與和投入						
5b	我促進學生整堂課都能有對話的、投入的與激勵的互動						

5c	我的作業和課堂互動有目的性和個人性					
5d	我的學生都被要求對別人的回應，給予解釋、說理、辯護和評論					
					總分 5：	
6a	我示範創意的方法，並期望學生找出新奇的方式，來傳達、分享、呈現、討論觀念					
6b	我能在我的課堂上建構好奇和提問的文化					
6c	我的學生對開放式問題頗能自我導向學習並積極尋求解決方案					
6d	我期望學生能考慮多元觀點或替代解決方案／解釋					
					總分 6：	
7a	我提供具體、聚焦的回饋，而不只是像「是／否」或「對錯」的確認性反應而已					
7b	我提供經常性的回饋來構築學習鷹架					
7c	我使用形成性評量來了解教與學的成效					
7d	我持續探測所有的學生，以確定其先備知識和迷思概念					
					總分 7：	

後續步驟的建議

　　雖然以下的建議不是絕對的，但它們可能有助於指引你後續的步驟。如果訣竅1、2或3落入你最低的排序中，那麼在移往其他訣竅指標前，你應該先解決這些較基礎的教學問題。只有在你一貫地展現並達到熟練程度之後，你才能準備好前進到另一個訣竅。要達成這個成就可能需要花費幾個月到一年，甚或更長的時間，這取決於你是否追尋顯著的、持續的改變，以及此有意改變事項的複雜性。

　　採用新課綱、新教科書或新課程的學區或學校，在訣竅1上花費足夠的時間是必要之舉。若忽視協助教師過渡到新課綱或課程（包括透過提供有標的性的專業發展），將導致教師只是繼續維持與過去相同的教學表現。

　　在訣竅4到7中能否有熟練或典範的表現，經常是優良教師和傑出教師的區別所在。雖然每個個別教師和每所學校都有不同的需求，來自TIPS觀察資料的初步趨勢顯示，教師熟練程度最低的領域是在訣竅7、訣竅6和訣竅4，而訣竅3、訣竅1和訣竅5則是熟練程度最高的領域。要記得的是，即使TIPS已經標準化了，層級3的描述性評分規準詳細描述了要達到熟練水準的表現期望，但教師在各個訣竅指標間的熟練程度仍會有所不同。這些來自K-12年級抽樣教師調查所得較普遍性的發現，不必覺得有必要比照辦理。然而，如果你必須用最少的投入來執行學區的專業發展需求，這些調查發現確實提供了預設的背景脈絡，可以用來證實或反駁行政人員和教學輔導教師在其學校的觀察所得。但是使用預設的背景脈絡畢竟不是我的優先建議，因為它無法針對已確認的真正需

求，或者提供個別化的專業發展。

後續各章開始指引與每個訣竅相關的分析、對話，以及重要問題。請不要用武斷的方式看待需求評估所得的訣竅指標排序。如果分數接近，以及如果部門或學校裡許多個人有類似的需求，那麼超越個人的需求而去配合群體的需求，將是明智的。事實上，這七個指標中的每一個指標，我們都可能可以進一步成長，所以你需要聚焦於投資時間、心力和學校經費而可以獲得最大回報的那些指標上。

幾項最終的建議可能會有幫助。第一，訣竅3達到熟練是必要的，如果你缺乏安全、尊重、組織良好的學習環境，那麼你在其他每一個指標上將很難獲得成功。第二，相當程度聚焦在形成性評量的訣竅7，這是一個立即改變、立即可以快速改善學生學習成功的領域。第三，聚焦在促進創意、解決問題文化的訣竅6，對一些學科而言，會比其他學科更具難度，但是熟練這個訣竅對於在高科技的現代世界中生活、工作和學習是不可或缺的，學生必須學習如何運用他們蒐集的訊息，有目的性的完成某些事情，而不只是記憶和重述。最後，在特定的訣竅研究上，因為許多方案將需要更深入的探究，附錄B提出一份資源清單，對每個TIPS指標，指引讀者如何進一步發展到熟練和熟練以上的水準。

訣竅一
發展能連貫並連結學生學習進展的課程

　　雖然看起來很簡單，但在這第一個訣竅──教導邏輯流暢的連貫課程──要達到熟練程度，許多教師的日常教學實踐仍然難以做到。然而，這個訣竅的效能對於幫助建立和支持其他各個訣竅獲得成功，乃是非常重要的。

　　我們的學校和教室常常落入一種可以用電腦工程師和程式設計人員常說的「垃圾進，垃圾出」（簡稱GIGO）來描述的形式。對於編寫不佳的電腦程式或App應用程式（垃圾進）而言，結果會變成不可預測、崩潰，或無法達到預期目標（垃圾出）。

　　對於教育工作者來說，對我們做什麼以及我們為什麼這樣做，若缺乏明確且具有焦點的目的性，同樣的會導致不良和不可預測的結果，遠遠偏離我們最初的目的和目標。本章聚焦在介紹如何建立有目的性的教學和學習架構，大幅超越只求簡單涵括教學主題的心態。

　　你有沒有注意到，兩個人即使條件看起來幾乎相同，卻可能抱持完全不同的觀點？最清楚的事例就是教師和教學領導主管對於他們的州所採用的課程內容綱要，有著各種不同的觀點。在典範教師和資深教師的比較研究中，典範教師傾向將課綱視為一個有助於指引其教學決定的架構（Marshall, 2008）。有10年或10年以上年資、但沒有被評為典範的資

深教師，則傾向將課綱視爲必須克服的絆腳石或障礙。

因此，一群教師視課綱爲積極正面的以及有助於有效教學，而其他一群教師視課綱爲負面以及干擾教學的。我們可以對數學或英語科各州共同核心課程綱要（Common Core State Standards, CCSS），下一世代自然科學課綱（Next Generation Science Standards, NGSS），社會科課綱之學院、職業和公民生活架構（College, Career, and Civic Life Framework for Social Studies State Standards, C3 Framework），或者由各個州分別採用的課綱等，就其各個面向進行辯論。一旦辯論結束並且選定課綱，這些課綱是否會影響教學和學習，就取決於學區、學校或教師的決定。

比較最新一代的國定課綱與先前的版本，有一件事物相當引人注目：提高了對所有學生的期望。當我觀察採用新課綱的教師和學區時，發現普遍存在著兩種態度。一群人視課綱本質上與前一代課綱相同，因此堅持著既已熟悉的東西，而不是檢視課綱有了什麼改變；另一群人則掌握並了解改變之處，積極地探索他們和他們的學生如何能在這些新期望的範圍內獲取成功。對每一個學科的期望，無疑地不能完全推論到所有的課綱，但在許多新課綱中，確實可以看見改變的證據，包括更重視高層次思考的表達（例如：以證據爲基礎的主張，對複雜的想法和現象建立模式）。雖然有一些傑出的教師多年來早已部分爲之，但是以高層次思考來挑戰學生已經成爲必要的常態，而不是每一所學校中少數教師例外的展現。

不同於許多早期的課綱，在技能和實作之間，以及在各個學科之間，新一代的課綱有助於提供明確的連結。在數學科中，這意味著學生現在必須聚焦於對複雜的眞實世界問題構建出解決方案，而不是針對習

題，簡單地模仿先前老師示範的解決方案。在自然科學中，學生需要為複雜的現象建立模式，並使用數據證明其主張，而不是僅僅進行觀察和列出術語。在社會科中，學生必須將知識置入公民責任的情境中。對於語文科，閱讀和溝通必須以證據為基礎。

推動處理複雜思考以及用證據來支持主張的努力，目前在所有年級和所有學科中普遍常見，使學生不再毫不挑戰其背後思考，便接受某個想法。先前諸如「沒有正確答案」等常見的教師說法，目的雖在鼓勵學生參與，但新課綱建議或許更好的說法是「正確的答案是指能以堅實的證據來支持主張」。請注意，在所有情況下，學生仍然必須達成低階技能（記憶、回想、列舉、熟記），但這些技能現在是達成目的的手段，其本身不再是目的。

對一些教師而言，其困惑和看似矛盾之處在於：如果在先前期望不是那麼高的課綱下，學生無法獲得成功，在要求更嚴格的課綱下，我們如何能期待他們獲得成功？本章開始要來解決此一矛盾，但是初步的回應是，**如果**我們充分利用擺在我們面前的機會，或許較高的期望將提供變革所需的動力和機會。

訣竅1主要聚焦在兩個問題上：(1)你的課程提供結合技能和知識的連貫性學習進展的情形如何（**學習進展**）；以及(2)你的課程與學生、與更大的課程圖像相連結的情形如何，以及在哪裡相連結（**學習連結**）？

◑ 訣竅1
發展能連貫並連結學生學習進展的課程

評分	1（待成長）	3（熟練）	5（典範）
學習進展 （1a）	實施完善、連貫的學習進展		
	課程含有錯誤內容，缺乏清晰性，與課綱、目標與評量對應不良。	課程大體清晰，順序合乎邏輯，與課綱、可測量之教學目標與評量能對應良好。教學內容精確。	課程一貫清晰，順序合乎邏輯，與課綱、可測量之教學目標與評量能對應良好。教學內容精確且與學生相連結。
	課程教學將歷程／實作與概念／內容相分離。	課程將實作／歷程與知識相整合。	課程要求學生投入歷程／實作與概念／內容之學習。
學習連結 （1b）	將學習連結學生的生活與大概念		
	與學科的大圖像沒有建立明確的連結。	學習與學科的大圖像或與其他學科有明確的連結。	課程／概念與本學科及／或其他學科的大圖像在課程各處均建立有多重的連結。
	與學生生活沒有建立明確的連結。	建立了連結，使內容與學生生活或先前學習有所連繫。	連結豐富、活潑，且與學生生活及先前學習相連繫。學生積極參與和真實世界建立連結。

來源：©2015 J. C. Marshall, D. M. Alston, & J. B. Smart. 版權所有。經同意後使用。

學習進展

　　在幾乎任何主題上，從數以百萬計可得的課程中找出其一並進行教學，相對於建構和促進有目的性的、聚焦的、對應良好的學習進展，其

間存在著巨大的差異。對於熟練的教學表現而言，教師必須親自精確地示範和傳達重要的知識和技能；該課程的進展必須清楚和合乎邏輯；並且必須與課綱、教學目標和評量彼此對應良好。爲了確保從數百萬可得的課程中能選擇最合適的課程，我們必須刻意關注我們的選擇。首先，在我們去搜尋適合某個主題的課程之前，我們必須知道我們希望學生知道並且能夠做些什麼。其次，課程必須適應學生的發展和智能。最後，我們必須學會微調新的或現有的課程，以適應我們學生的需求，而不是作者如何發布，我們就僅僅複製並使用之，特別是當它不完全滿足我們學生的需求或我們的教學目標時。

 你怎麼知道你的教學是否精確？

理解其任教學科和內容的教師，經常傳送活力充沛和具吸引力的語調，而不僅僅是將知識傳播給學生。多年來，教育工作者已經知道，在課程和評量過程中提供清晰的思想和目的有多麼重要，但這通常說起來容易、做起來難。當學生對於教師問他們什麼問題，或教師期望他們做什麼，持續感到困惑時，顯然就是課程缺乏清晰性。教師經常認爲他們在課堂上用口頭方式、考試時用書面方式所問的問題，是很清楚的，但是當學生回以茫然眼神，或者在評量中表現不如預期時，這個假設往往受到挑戰。詢問學生在大小考試中哪些問題最令他們困惑，以及爲什麼，這是教師可以辨別其教學內容是否困難，或措辭是否令人困惑的一種快速方法。

> **?** 什麼跡象顯示你的課程是清晰的，順序合乎邏輯，並與教學目的／目標對應良好？

課程必須有良好的對應。在熟練的課程中，教師要確保課程活動或重點能與可測量的教學目標相匹配，任何評量幾乎完全地聚焦於測量這些目標。例如：如果三年級自然科學課綱規定學生要會規劃並執行研究，那麼可測量（且可評分）的部分應該是學生能透過他們的實驗來證明其所測試現象的程度。

我最近觀察了一堂中學的社會課，學生們正在處理以下的主要問題：漢摩拉比法典是否公正？（我稍後將討論此主要問題的品質，但現在讓我們繼續使用這個例子）這堂課要求學生各自分析這些法典，並且全班共同判定它們的目的和對社會的影響。隨後的小測驗則要求學生提出證據來支持他們的主張。

無論所處理的目標或標準為何，目的是每個學生能夠證明其學習成功的程度。所以在大部分的學習經驗中，在小團體中合作學習，對學生是好的；但重要的是，若有可能時，應該讓學生能個別展現其能力，而且總是緊密對應教學目標。如果「比較」是某課程的教學目標，那麼在大小考試中，要求學生就最終的學習經驗做配合題和舉例題，將無法達成教學目標。

即使在學校或學區層級指定了課程，在課程如何能適應學生，以及適應學習情境（過去、現在和未來）上，教師仍扮演重要的角色。如同我稍後將再討論的（訣竅5），用來引導課程的提問和互動，將決定該

課程對學生而言是否活潑生動，抑或是淪爲是令人不快和疏離的學習經驗。

　　統整技能與知識，而不是在不同日子隔離地教導技能與知識，乃是CCSS、NGSS、C3架構以及大多數新州定課綱的特點之一。雖然對於技能和知識的統整，每個學科的詮釋會有點不同，但其本質是相同的。在自然科學中，每個表現都需要結合科學的與工程的實作（例如：分析和解釋數據）、核心概念（例如：力和運動），以及跨領域的概念（例如：穩定和變化）。在數學科中，課綱分爲數學實作（例如：問題解決）和內容（例如：代數）。在社會科中，C3架構由四個核心領域組成：發展問題與規劃探究、應用學科概念與工具、使用證據評鑑資料來源、傳達結論並採取明智的行動。在英語科中，除了內容之外，現在的重點同時也聚焦在過程（例如：閱讀和寫作）。

 當你和你的學生先前只經歷過技能和知識孤立性的教學時，你如何統整之？

學習連結

　　閱讀經典小說，因爲它對知識的淵博很重要；學習解二次方程式，因爲它將有助於解決較複雜的問題；記住元素週期表中的成分，因爲知道它們將有助於日後化學科的學習；或者，學習第二次世界大戰的關鍵戰鬥發生在哪裡，因爲地理是重要的——這些都是對課程關聯性常

見但老套的詮釋方式，缺乏能有意義地和明確地吸引學習者的要素。更進一步言之，教學缺乏目的性，很多時候是因為教師自己都不知道為什麼學生需要學習「X主題」，或者不知道在學習和遊戲之間有巨大鴻溝需要橋接。

建構一個連貫和對應良好的教學計畫，需要以多種方式來連結學習，以防止學習對學生而言是孤立的和無意義的。第一個重要的連結涉及將學習與學生的生活或他們的先前知識連結起來。或許同樣重要的是，需要將學習與學科較大的圖像以及與其他學科連結起來。當學習與學生、與較大的圖像連結時，對學習者而言，它將變得有目的性和有價值。有太多時候，學習與前述內容全都缺乏明確的連結。

> **?** 你如何將課程與本學科較大的圖像，以及與其他學科，做最好的連結？

在前面有關漢摩拉比法典的例子中，學生使用了高層次的思考技能，但是課程與學習者之間沒有關聯性或個人連結。學生來到教室，從來不會要求要學習漢摩拉比法典的公正性，因此教師必須提供連結或橋梁，以期為學習者創造需求或價值。修正該主要問題的可能範例之一是，問學生：「所有法律都是公正的嗎？」這個課程可以針對與學生家庭有關的「法律」，或者假想一個場景，有個禁止18歲以下的所有人說唱饒舌樂的立法提案，藉此激發學生進行對話或反思而開始。兩個主題中的任何一個，都可以引導學生討論該法律是否公正、有效，或者對社會有益。一旦學生被吸引參與對話，並看到這個主題與其個人的連結，

那麼就有可能更加深入地聚焦學習其背景脈絡中的概念，而在漢摩拉比法典的例子中，將涉及檢視其他文化和社會。

 要將今天的課程與你學生的生活相連結，機會存在於哪裡？

訣竅1的行動

為了指引你的討論、自我反思和接下來的步驟，針對訣竅1的核心概念：**學習進展**和**學習連結**，請考慮以下行動：

▶▶▶行動：檢查你的內容知識使精確性和清晰性最大化

自從考完實習內容考試，例如實踐考試（Praxis tests）之後，大多數的教育工作者大概不曾徹底檢查或質疑他們的內容知識。要知道，選修某主題相關的一門課程，並不能保證即擁有可靠的內容知識，也不保證有能力將內容與其他概念相連結，因此你需要尋求其他方法，來檢查你本身知識的精確性。

可能的方法之一是，就你即將教學的單元，與專家一起討論其流程、內容與連結。這個對話可能會引發你對如何把內容與較大的圖像連接起來，以及改善知識深度等，產生一些想法。預先準備幾個問題，將有助於引導這一場對話。考慮一下這些建議：X是一個很難教的概念，

你會怎麼向一個生手解釋？你的工作／領域與其他領域有何連結？這個
領域有什麼新知？

　　如果與專家對話是不可能的（或者如果這個極端的想法很嚇
人），有助於確保內容更加精確的另一種方式是，對於那些將被學習的
概念，進行常見迷思概念的研究。我多次聽到、從小學到高中教師都傳
達過的一個迷思概念是，回到心臟的血液是藍色的。這個觀念每天在課
堂上持續存在，但是一個小小的研究就可以很快地顯示這並不是真的，
並且說明為什麼教師和學生之間常見存在這樣的迷思概念。在某些情況
下，研究歷史背景脈絡將顯示出故事和詮釋是如何隨著時間推移而改
變，有時會使觀點更精確，有時像流言蜚語的遊戲般，反而使觀點更不
精確。在數學科中，你可能會思考學生解題中你所注意到的常見困難。
而在英語科中，你可以重溫常見的寫作錯誤，以及寫作慣例最近有哪些
改變。

　　幾個學期前，我的一個實習老師問，在內容知識方面，她怎麼樣才
能提高她作為一位教師的信心。隨著這次對話的進行，很明顯的，即使
這位學生在中學自然科學教育中的平均成績為3.5分，但她對自己任教
學科中重要概念的連結卻感到不安。我的回答很簡單：閱讀，閱讀，閱
讀。我們永遠不能讀盡任教領域的全部知識，總有新的見解要蒐集、新
的知識要獲取。但當你在你的領域能有更多的閱讀，許多資訊將會變得
多餘。此時，你可以簡單的瀏覽材料，而對新觀點保持警覺。請記住，
經由網路可獲得豐富資源，同時也帶來一個警訊：數以百萬計可以立即
取用的文件，包括了可能的課程或活動，但沒有過濾機制確保其品質或
精確性。

　　最後，提高你任教課程精確性的另一種方法是，邀請你尊敬的同儕或部門主管蒞臨你的一個或多個課堂，並對你所呈現的內容知識提供誠實的評估。而在必要之處，你可以要求他們提供改進建議。

　　長久以來我們即已知道，教師教學的清晰性對學習最大化是絕對重要的（National Board for Professional Teaching Standards, 2006; Rosenshine & Furst, 1971）。教師以清晰的方式規劃以及執行課程的能力，是基礎而重要的。我們面臨的挑戰是，經常認為我們教了某些東西，它就一定是清晰的。因此，對特定課程，尋找支持或否定你教學清晰度的客觀證據，乃是重要的。當學生對於被問到什麼問題不會感到困惑時，才代表問題是清晰的（這並不意味他們立即知道答案，但他們很清楚眼前的任務）。如果你必須不斷地對學生重述問題，那麼清晰性可能就是不夠良好。然而，有時候問題非常具有挑戰性且敘述良好，還是必須重述，以鷹架支持學生，使其有能力回答。如果在課堂上，學生表現了知識和精熟度，然後在考試中卻澈底的失敗，可能的解釋之一是考題的措辭或清晰性，也或許是在考試之前，你並不清楚學生應該知道以及能夠做到些什麼。進一步言之，使用出版公司印行的考卷或評量時要小心謹慎，相對於你的教學目標，它們往往過於複雜或編寫不良。

　　清晰性並不意味只是告訴學生更多內容；正如其他訣竅指標將會顯示的，清晰性往往是藉由如何促進學習來表達，而不只是一個更清晰的講述或者告知訊息。

> ⑦ 你可以採取什麼步驟，來確保你每天都能較精確的展現內容知識？你的課程哪裡最清晰／最不清晰？證據是什麼？你如何才能逐漸改善弱點所在的清晰性？

▶▶▶ 行動：發展對應良好的課程

當我觀看教師授課或者審閱他們的書面課程計畫時，經常覺得我好像在看「芝麻街」的節目片段，芝麻街節目中有一個單元專門強調「這些事物中，有一個跟其他的不一樣」這樣的概念；也就是說，我注意到課綱、目標、課程和評量之間經常無法相互對應。

確保所有課程成分都與新課綱有一貫的連結尤為重要。你可能會覺得你正在教的新課綱類似於先前的課綱，但你忽略了某個重要的動作動詞已經改變了的事實。不再要求學生**列舉**或**描述**，他們現在可能必須做**比較**、**對比**或**計算**。改變動詞可以改變課程的整個焦點。因為新課綱傾向於促進高層次思考，你可能經常需要鷹架支持課程以達到期望或標準，而在過去，你可能經常以幾乎與標準直接相符的方式進行教學。多年以來，Wiggins和McTighe（2005）幫助教師、學校和學區採用逆向設計的模式，此模式確保課程能以最終目標為焦點進行對應。當你清楚地確認你希望學生在課程或單元結束之後能夠知道、並且能夠做些什麼的時候，那麼你可以藉由詢問需要哪些經驗來架構學習、從而達成目標的方式，來進行逆向設計。

> ? 你的上一堂課是否顯示出課綱、目標、課程和評量之間能有所對應？你的考試題目是否反映了課綱／教學目標？對於你的上一堂課，學生是否展現出你在教學目標中具體提出的動作動詞（例如：證明、評鑑、計算、比較）？如果沒有，還需要些什麼才能讓他們達到這個水準？

▶▶▶ 行動：使用主要問題來連結學習

　　藉由創造與學科較大圖像的連結，創造與學生個人相關事物的連結，以及創造與時事可能的連結，精心設計的主要問題將有助於擬定課程。如果我們的目的是吸引學生和連結到較大的圖像，那麼在課堂上需要經常重申主要問題，而且主要問題必須適切的書寫與發展，乃是非常重要的。有很多可以獲得的資源，指引我們書寫可靠的主要問題（例如：參見McTighe & Wiggins, 2013），但一般來說，優良的主要問題包括以下規準：(1)促進探究和好奇心；(2)需要考慮多元觀點；(3)包含一個或多個主要概念或錨定觀念；以及(4)促進對觀念或數據做深度的批判性分析。諸如此類，書寫良好的主要問題很容易理解（沒有困難的詞彙或複雜的措辭），同時還鼓勵豐富的討論、深入的思考和有目的性的學習。跨越多個學科和多個年級，以下是主要問題的幾個例子（以及其適用的學科）：

　　‧什麼造就英雄？（英語、社會）

· 企業如何可以使獲利最大化？（經濟學、數學）

· 要相信某項科學主張需要些什麼？（自然科學）

· 什麼是值得爭取的，而公平的爭取方式為何？（社會）

· 我們什麼時候應該概估，什麼時候應該精準？（數學、自然科學）

· 小說和真實之間的界線何時變得模糊？（英語）

· 我們如何控制廣泛蔓延的傳染病？（自然科學）

> ❓ 在未來兩三個星期間，有哪三到五個主要問題，你可以用來引導課堂中的學習？對於你的學科／年級而言，最困難的主題或概念是什麼？與他人合作，腦力激盪出有助於使這些具挑戰性的主題成為看起來更有關聯性的主要問題。

▶▶▶行動：使用「門檻考查」來連接學生

當你每天跨過門檻進到你的教室，思考以下問題：這堂課與你任教學科的較大圖像要如何的相互關聯？它與其他學科要如何的相互關聯？與時事是否有連結之處？它與你的學生有怎樣的關聯？如果你努力的回答這些問題中的至少一個，那麼以下兩件事情之一即可能發生：(1)這個主題或概念是達到教學目的的手段——它有助於支持進一步學習後續的其他觀念或概念；或者(2)這是一個不重要的主題或概念，教學的必要性應該被認真質疑。

當這堂課學習是達到某教學目的的一種手段時，持續思考它與學科大圖像在哪裡以及如何相協調，是非常重要的。告訴學生加法將有助於未來的計算，這是不夠的。沒錯，這是一個極端的例子，但教師所做的許多連結，就如同這樣一般，沒有價值也引不起學生的興趣。相反的，課程必須具體——例如：提供機會讓學生與專業人士（虛擬性的或面對面的）互動，與全球各地其他學生互動，或在部落格或網站上張貼作品，使其他人可以看到或評論他們的想法。在自然科學中，學生可以聚焦在包含減少生態足跡在內的永續發展議題（Joyner & Marshall, in press）。小學可以採用像達文西般思考的全校性主題，而每個年級聚焦在不同的思考部分（例如：觀察、創造、觀看）。在數學科中，問題可能要包括更多的背景脈絡，例如：不要要求學生解45 + 37，而是要問學生，如果Joan有45元，Juan有37元，那麼他們總共有多少錢？第一個例子較抽象，第二個例子則較為具體。我們傾向於從抽象開始，然後如果時間允許，才讓我們的應用問題更加具體。但周遭總應該有其他方式，沒有背景脈絡等於沒有意義以及沒有價值。

> **?** 今日課程連接的大圖像是什麼？哪些時事與你的學習主題有關？為什麼今天的課程對你的學生很重要？你的教學是如何從具體到抽象？

訣竅二
運用策略、資源與科技促進學習

　　良好教學不是只訴求任意地在學生面前呈現驚奇的資源、科技和策略，就想要產生驚人的、自發的結果；相反地，良好的教學需要將許多有目的性的行動，無縫地結合在一起。訣竅1講述了課程結構的「磚頭與泥漿」，提供了支持有效教與學的基本架構。訣竅2，本章聚焦在考慮兩個提供後續學習組成的教學議題，特別是什麼樣的策略、資源，還有科技，用於引導教學實踐？

　　策略和科技看起來好像是兩個不相干的概念，一個是教學採取的方法，另一個是用來促進學習的教學工具，但是有目的性的教學要求這兩個教育組件應該順暢地在一起而不是分開地運作。只帶科技和其他資源進教室，卻沒謹慎思考到融入要運用的策略，是徒勞無功的。當策略和科技能以增加目的性而整合起來時，更能夠促進學生的學習經驗。當教導缺乏目的性時，學習就會缺乏目的和清晰的方向，偏離目標和目的，出現只是為給定的主題忙碌而已。然而，當有明確的目的存在時，學習包含了將課程架構與學習策略和資源相結合的焦點，所有學生都能一致地展現紮實的成長。

　　訣竅2主要聚焦在兩個問題：(1)你如何選擇策略來吸引所有學習者？（**學生中心的策略**）；以及(2)你如何使用資源和科技來提供目的

性、增加參與度,並可能改變教室裡的學習經驗(**資源和科技**)?

學生中心的策略

　　就像你成為老師的發展進程,你以前的經驗、內容知識和教學技能與其他人不同一樣,每位學生的起點和進度上也不同。為了努力回應學生不同的起點,在縮小學生成就差距上有激烈的討論和大量的研究。如果我們希望與所有學生一起學習,那麼學習經驗必須提供機會,以慶賀和鼓勵具有不同背景、不同成就水準和不同經驗的學生參與,作為學習者和我們一起互動和成長。

　　多年來嘗試的解決方案是講述、示範、練習,然後考試。在這個教師中心取向,教師講述、教師示範、學生模仿,然後考試,學生檢索的內容基本上還是老師的知識。這個取向仍然普遍存在於高比率的班級,所以說,這也是回答為何改變是需要的。

　　第一,學習者的需求與過去那些世代有很大的不同。快節奏、高科技的今日社會,資訊只是幾個擊鍵。了解關鍵歷史事件的細節、體驗莎士比亞戲劇、背誦乘法表,或定義牛頓運動定律,都是重要的事情,但今天的教室必須讓學習者參與這些經驗,而不是在離開前記住和重述事實。尤有進者,隨著社會在蒐集和分享資訊方面已經發生變化,其需求也跟著改變。今天,我們必須知道如何分析大數據集,並為諸如醫藥、政治、經濟或工程領域的複雜問題,傳達解決方案。再者,對二十一世紀學習者的要求(Partnership for 21st Century Skills, 2013),所有學生

◑ 訣竅2

運用策略、資源與科技促進學習

評分	1（待成長）	3（熟練）	5（典範）
學生中心的策略 （2a）	透過學生中心的學習方法促進學習		
	策略和學習完全是抽象的。	提供透過具體經驗和視覺方法研讀抽象概念與想法的策略。	除左列熟練條件之外，能夠將抽象觀念和具體經驗做明確的連結。
	學生是消極的學習者，教學大部分聚焦在孤立事實和知識的記憶。	學生是積極的學習者，課堂時間大部分均能從事概念理解建立的支持。	學生在整堂課都是積極的學習者，聚焦在連結知識和技能，促進深度的概念理解。
	學習僅僅是教師中心和教師主導的。	教學策略主要是以學生為中心，不只是要求模仿或確認教師的示範而已。	教學策略以學生為唯一的中心，不只是模仿或確認教師的示範而已。
資源和科技 （2b）	提供資源和科技來支持學習		
	教材和資源並不能幫助學習者將抽象概念具體化。	教材和資源提供將所研讀的抽象概念，加以具體化和視覺化的方法。	教材和資源提供學習者將所研讀的抽象概念，加以具體化和視覺化的多元方法。
	教材、資源、策略和科技大部分是缺乏的，或缺乏目的性，讓學習分心且缺乏效率。	教材、資源、策略和科技符合目的，且不會過度分散，能夠增強學習。	教材、資源、策略符合目的，而科技是能夠轉化的，讓我們做一些不無可能的事。

來源：©2015 J. C. Marshall, D. M. Alston, & J. B. Smart. 版權所有。經同意後使用。

必須要展現出對批判性思考、溝通（口頭和書面）、合作和創造力的精熟。另外，爲了達成這兩種軟技能（舉例來說，溝通和合作），以及表

達在課綱的核心內容，學生必須更深入的參與教材。爲了做到這一點，他們在抽象化學習之前需要具體地體驗學習——這點與訣竅1的討論也是相關的。

> **❓** 在上一堂課，你是如何使學習視覺化和具體化的？你在未來的課程中將怎樣做？你的上一堂課，開始的第一個活動是具體還是抽象的？

　　今天的教學策略需要確保學生不僅發展基本的技能（例如：寫一個明確的句子，或流利地使用基本乘法的能力），而且要學習對他們而言有意義議題裡眞實和複雜的觀念（例如：草擬一篇圍繞眞正原因的論說文、計算建立一個1,800平方英尺房子所需的材料，或蒐集和傳達支持或反駁特定問題解決方案的科學證據）。這種平衡意味著我們不再告訴學生一切，要求他們對著我們記住和背誦事實，只有在時間允許的情況下，才進入更複雜的議題。這意涵著從相關並吸引學生參與，以及符合課綱和目標的事情開始，獲得基本技能變成是和有目的性學習同時發生。

　　我可以想像一些讀者心中醞釀著反對意見：「那麼，當Johnny不能閱讀時，我們怎麼可能讓他探索這麼複雜的事物呢？」「當Silva不知道乘法表時，如何要她開始解釋數據集呢？」我開始要說的是：示範學習通常如何在眞實世界發生，才有意義。讓我們考慮全世界許多對話核心的兩個突顯的當代主題：戰手和氣候變遷。只有要求學生記住以前的戰爭或衝突的相關事實，不可能產生如何結束戰爭的想法，也不可能期待

這樣做就對後代產生根本和積極的影響。剛開始可行的想法似乎是探討更廣泛的問題，諸如：「兩個或多個團體如何強烈地感受到他們願意為一個爭議而發動戰爭？」和「有發動戰爭的正當原因嗎？」處理這些問題包括要研究過去，也需要掌握我們所了解的當今人類和社會。

同樣的，對於氣候變遷相關複雜性的充分理解，需要解決微分方程以及發展複雜模型的能力，以便完全投射並進而預測氣候變動。我們應該全面理解所必要的全部知識或技能，才能向其他人明智地討論這個話題，但現實是，學習要求我們不斷改善我們的技能，同時解決有意義的事情。這種學習取向，讓學生作為主動學習者，使我們能夠吸引所有學生、挑戰所有學生，並讓所有學生差異化地學習。

因此，許多策略可用於讓學生沉浸學習，而不是將他們保持在機械、被動的狀態。具體來說，諸如探究導向的教學策略，以及相關諸如問題導向和專題導向的學習策略，可以為學習者提供深層和有目標的參與機會。對於那些在促進以學生為中心的學習策略方面幾乎沒有經驗的人來說，不管聚焦在個別的老師，或是整所學校，這是一個關鍵和重要的地方。我在這裡提供了一個簡單的介紹，但這個領域的新手應該諮詢額外的資源，例如：《科學和數學課堂的成功探究》（*Succeeding with Inquiry in Science and Math Classrooms*）（Marshall, 2013）。

在過去幾十年中已經提出了可以促進引導探究導向學習的各種模式。這些模式包括5E模式（Bybee et al., 2006）、4E × 2模式（Marshall, 2013; Marshall, Horton, & Smart, 2009）和學習環（Lindgren & Bleicher, 2005; Marek & Cavallo, 1997）。所有這些都是基於不可讓步的想法，即學生在老師提供正式解釋之前，必須有機會探索這個概念。這可能是更

具挑戰性的教師改變事項之一，因為多年的經驗和大多數頒布的課程強調，先講述、然後確認的方法，這類似於在講完整笑話之前，先講個線索。但是，如果想要吸引和激勵學生，那麼我們必須創造學生們對問題、學習和創造的需求。學生並不會進了教室就想要解決二次方程、研究光合作用，或學習詞性，不過，當問題夠豐富或挑戰夠有意義時，我們可以吸引所有學生學習所需的內容。

> ❓ 上一堂課中，你如何積極地吸引所有學習者，而不僅僅是聽講或模仿？這種方法有效嗎？如果是，你的證據是什麼？如果不是，需要解決哪些挑戰？

　　五年的研究分析（Marshall & Alston, 2014）已經顯示，我們可以縮小成就差距，同時提高所有學生的成功條件，特別是教師持續參與兩年聚焦在提高探究導向教學數量和質量的專業發展經驗，顯示頗具希望的結果：平均來說，與未參與教師的類似學生相比，參與教師的學生表現大約多出三至六個月的課業成長，這項研究的對象包含了超過10,000名學生，比較的對照組條件，在種族、性別、原始分數及免費與降低午餐費用的比率等條件上是一樣的。

　　雖然其他教學要素對完成成功的探究是重要的，但關鍵的第一步是典範轉移，在教師的解釋或示範之前，吸引學生參與主要概念的經驗分享。有些教師需要大量的時間和精力來完成這種轉變，但是報酬是豐厚的。對於其他人來說，可以簡單地調整現有課程的組織，以便「探索」先於「解釋」。為了成功地探究，教師將需要鷹架支持學生的學習經

驗，讓學生開始承擔更多的責任（訣竅4提供了鷹架支持和差異化，以確保所有學生更多成功的詳細討論）。

　　對所有學科來說，儘管特定的議題和特徵可能不同，但探究的本質是相同的。在寫作課上，學生可以探索什麼是良好的句子或段落。他們可以從古典文學、自己的文章、技術手冊、雜誌、歌曲、小說或部落格，讀取樣本以努力理解，然後傳達什麼是良好的寫作。一旦他們確定了很多的例子，他們可以開始詳細說明什麼使這件作品脫穎而出。要注意，學生是從具體和有形的東西開始，然後他們才準備好可以討論，也許有教師幫助澄清為什麼有些作品比其他的更好，以理解從目的而言，卓越可以且應該是符合條件的，例如：技術手冊的目標是清晰和簡潔，但小說的目標可能是透過複雜的故事情節，傳達人物豐富詳細的圖像，然後目標就是讓學生對應於特定目的來改進寫作。讓學生記住具體的規則和約定（抽象），然後在他們的寫作中加以應用，大致上可以確定會比學生先閱讀和分析他人的作品，討論什麼使寫作有效或無效，然後發展和練習他們自己的寫作，來得沒有效果。

　　同樣的方法也適用在其他學科。在科學課，學生可能正在探索的主要問題是「我可以預測明天的天氣嗎？」他們可以挑戰看看是否能超越氣象學家或天氣模型。同樣地在經濟學，學生可以看看是否可以擊敗股票市場特定方面的績效──從而超過專業人員。在這兩個例子中，真實世界、高挑戰的情境吸引學生，而老師則在過程中與他們在一起學習基本的組成和概念。在英語語言藝術或社會研究中，老師可以要求學生寫一個段落，傳達對當前關鍵事件主題的紮實主張。因為主題的相關性，使學習變得更有吸引力並以學生為中心，從而容許教師和學生一起，透

過陳述主張、闡明證據（資料）、構建反面的宣稱、反駁反對的主張，來發展紮實的論述，然後發展令人信服的結論。在這些例子裡，課程組織和架構的方式創造了學生學習內容的需要，這對於吸引他們參與學習過程是至關重要的。

以學生爲中心的策略何時對你的課堂學習最有價值？
你需要哪些幫助以善於使用這些策略？

資源和科技

比起任何其他領域，教育工作者可能較缺乏科技的目的性，原因很多，但其結果是一種繼續把科技看成是治療所有現代教育系統靈丹妙藥的文化。在過去十年裡，我在教室、學校、學區和州政府領導者身上看到了同樣的心態：提供它，學生就能學習，而「它」就是更多的科技。

對於班級來說，渴望更新更好的科技、資源和教材，似乎完全合乎邏輯，然而我們通常沒有先處理很多關鍵的問題，最常見的是沒有對科技將如何改善學生學習進行有意義討論，其密切相關的是如何改善教學效果和管理的問題。此外，除了科技的販售者偶爾性的聲稱之外，很少有人出版建議隨著更多科技的出現，應該增加學習、人際互動和批判思考的書籍。讓我提供許多例子，讓更大的論點更加清楚。

你主要使用什麼科技和資源來支持學習具體化和視覺化？你有什麼證據顯示這些資源和科技有助於學習？

　　例子#1：榮耀的高架投影機。在過去十年，美國的學區花了數千美元到數百萬美元，以確保在教室前面有互動式白板。結果改變了什麼呢？是的，大多數學區都爲所有教師舉行培訓課程，但該科技似乎仍然主要用作榮耀的高架投影機，顯示投影片、簡報和筆記。在顯示學校或學區變得更高科技的過程中，我們通常做得很少，或實際上是沒有做什麼，藉由白板來改善學習，事實上許多初中和高中教師現在反而抱怨，沒有可用的黑板空間來讓學生分享、創造或交流想法。所以聚焦在科技而不是先放在學生學習的目標，然後詢問科技如何支持或促進學習，在某些情況下，事實上學習可能反而受到阻礙。

　　爲了強調這一點，最近的一則新聞報導說，美國許多CEO、科學家和國防部領導者現在已經放棄於會議期間使用簡報的投影片，因爲這類型的簡報似乎成爲「討論的束縛」，事實上，前美國國防部長羅伯特・蓋茨（Robert Gates）說，中情局（CIA）除了分享地圖和圖表外，已經禁用投影片（Yu, 2014）。這個觀察並不是對任何或所有簡報軟體的指控，如果我們想要使學習成爲學生或學習者的焦點，那麼作爲老師的我們需要找到機會，讓學生談論、合作和創造，而不是提供更多坐著看的閃亮簡報。也就是說，重點不應該是從教室中移除所有簡報軟體，而是我們需要考慮如何更善用這項工具來實現我們的目標，包括更多的學生參與。

　　例子#2：就是這裡；現在，做吧。 最近，越來越多某種科技形式的努力，通常是每位學習者的手中都有筆記型電腦或平板電腦，這些努力理論上很好，但實施起來會是什麼樣子呢？對於洛杉磯聯合學區來說，一開始就註定這是一個超過十億美元的災難（Dobuzinskis, 2014）。在其他地方，常見的情況包括學區購買設備，在學年開始發給學區裡的教師和學生，然後期望所有教師在每個班級和學生一起使用，這種方法並沒有關注如何對學生的成功有最好的目的性改善。是的，每個K-12的學科都有相關的應用程式App或課程，但其中哪些實際能改善學習，有什麼證據支持這項宣稱呢？團體內是否有些教師願意試點推廣？教學科技（IT）人員是否真正測試這些基礎設施，以了解當300或3,000名學生同時使用設備時會發生什麼狀況？是否有課程專家參與，看看應用程式App或課程，如何與當前的學習進度相結合？

　　科技本身沒有好、壞，而重要的是科技、工具的應用，互動式白板、簡報軟體，和一對一程式，都有令人驚豔的方式使用的例子。例如：Google地球軟體或Google地圖應用程式，容許用戶對無法到訪的地點進行虛擬性的實地考察。團體的筆記可以把紀錄保存下來，並且和不在場的人分享，或當學生需要重新再看紀錄或資料時可以利用。互動式白板可以透過即時回饋系統，提供評估班級成長的數據和訊息，但我們需要將科技的增強和變革經驗看成是常態，而不是例外。我們不需要在教室和老師的盤子裡添加更多的東西，而是需要做出明確、有目的性的決定，這些決定和學習及效能有關。

　　儘管學生們對於科技教學有很大的幫助，但事實並非如此。學生通常更擅長使用跟娛樂或社群相關的科技網站（例如：遊戲、推特、

Instagram），但教育工作者可以分享有助於引導學習和知識發展的科技運用（例如：Google文件檔，或其他檔案共享和合作技術）。在這個意義上，科技為學生和教育工作者提供了一個奇妙的協同機會，兩者同時擁有強大的分享能力。當有效使用時，科技可以用以前不可能的方式來激勵和吸引學習者。

> 在你的課堂上，哪些資源和科技似乎效果最少？哪些似乎最有效？你能夠替換這些效果有限的科技，或是應該就把這些移除呢？什麼證據支持你是有目的性地在使用這些科技？提議的或學區現有的科技措施或計畫為何？以及這些科技支持學習的證據是什麼呢？

訣竅2的行動

為了指引你的討論、自我反思和接下來的步驟，針對訣竅2的核心概念：**學生中心的策略、資源和科技**，請考慮以下行動：

▶▶▶ 行動：感官參與 —— 讓它具體化

英雄是如何造成的？科學如何控制傳染病？這兩個主要問題可能提供了一些促使學習者參與的動力，然而回答這些類似問題的途徑必須從

具體的經驗和呈現開始。**英雄**是一個抽象詞，要理解它，學生必須在他們的生活中找到示範或代表英雄人物的具體例子。

研究顯示，以具體和抽象雙重的方式呈現和探究想法，比單獨分開來學習更有力量（Pashler et al., 2007）。你可能需要練習在具體示例和抽象表示之間來回導航，但是當成功完成時，你可以促進長期學習和根深蒂固的連結。例如：談論蘋果或在黑板上寫個**橘子**的單字是一個抽象的活動。顯示圖片可使得概念不再那麼抽象，但實際上如有橘子或蘋果，學生可以感覺、觸摸和嗅聞，提供了更多具體的經驗，如果它是有形的，可能會更有利於學生的寫作。當有可能第一手記錄時，科學觀察會更加熱烈，因為視覺經驗往往比聽覺經驗更有力，提供視覺呈現（或盡可能實際化），可以協助班級互動。

> ❓ 在接下來幾個課堂時間，哪三種方式可增加學生的具體或真實體驗？對於你的學生，最具挑戰性的學習主題是什麼？如何使這些主題或概念更加具體呢？在往抽象的概念移動時，你會繼續再檢視具體的呈現嗎？證據何在？

▶▶▶行動：脫離邊緣 —— 吸引學習者投入

回想一下你的一些生活經驗，在那些你見過的或你參加過的經驗中，哪些是突出超群的？哪一個更令人難忘，對你有更大的影響，看一

位朋友跑馬拉松還是你自己跑？觀看烹飪節目或從頭開始烹飪新菜？聽取簡報，還是發展和發表自己的演講？看雄偉的風景照片，或者和朋友一起在洛磯山北部徒步旅行？從看別人幾乎總是可以學到一些東西，但更深刻的回憶來自你離開旁觀者進入競技場的經驗。在教室裡，這意味著讓學生合作學習來解決複雜的問題；設計和進行實驗，而不僅僅是確認前面提到的結果；或是進行研究，然後從歷史人物的觀點寫一篇論文。

你聽過很多次，甚至對自己說：「你真的不知道它是什麼，直到你教它」？這句話是如此的真實，我們宣稱知道許多事情，但是當我們教什麼時，我們測試我們知識的深度，教學強制我們進入學習的積極狀態。一位有抱負的足球運動員，如果他做的是觀看足球賽或閱讀足球書籍，其能力將嚴重受到限制。足球運動員必須積極地體驗足球，然後準備開始發展必要的技能和足球運動更精細的重點，最後也可能包含分析影片和足球賽。鋼琴家、作家或太空人也是如此。在太空人的例子中，他們參與盡可能多次的模擬，因為他們通常只有一次嘗試真實事務，而且就要成功。

能夠說出一些東西的名稱，和真正知道一些東西，是非常不同的事情。在數學，我們可以背誦加法的事實或乘法表，但直到我們真正理解什麼是加法或乘法的意涵，不然我們只是背誦事實。雖然事實和概念上的理解兩者都是重要的，但僅僅事實本身（往往是抽象的），對於持久和有目的的學習是不夠的。

> ❓ 你如何讓學生離開邊緣（被動接受知識）和進入遊戲（主動的學習者）？你從學生身上看到什麼阻力，如何克服？在下一節課或兩節課中，學生有哪三個實質的機會，可以更積極地參與他們自己的學習？

▶▶▶行動：超越「有樣學樣」的模仿，成為以學生為中心的學習

顯然，沒有任何教學策略在所有情況下都是最好的，有目的性的教師應該尋求將教學策略符應目標和宗旨，但是如果目標包括吸引或挑戰學習者，那麼以學生為中心的策略是必要的。教師促進探究為基礎的教學，在為學生提供深刻的學習經驗，和將學習聚焦在核心主題或概念想法兩者之間，取得了良好的平衡。

例如：你可以讓學生編寫他們自己選擇不同結局的冒險故事。你可以提供圖形組織體，協助他們組織觀念和想法。你也可以根據需要，和在故事發展階段中注意到的可見弱點，促進小組或全班的互動。你可以修改專題，以整合關鍵歷史事件或科學發現的焦點和情節。注意，目標不是僅僅講述如何寫故事；相反地，是學生探索、問問題和學習，以發展他們的想法和觀念。當學生顯示需要時，你要提供支持。

在數學中，引導探究經驗通常是聚焦在問題或主題的較短課程，所以如果目標是理解集中趨勢的測量，那麼你可以提出以下問題：**五個騎自行車的人，停在同一條公路上的1、4、10、15和25英里標記處，他們**

應該在哪裡相遇，讓整組的總旅行距離最小化呢？

> ❓ 幫助你吸引各種學生的策略為何？針對特定的學生團體，你所使用的策略是什麼？如何修改這些策略，以吸引更多學生學習呢？

▶▶▶行動：它是IT嗎？改善科技的有效性

"Is IT It?" 雖然僅僅六個字母，但標題中的問題提醒我們，必須考慮到目前納入學校和教室的教學科技（IT），其目的和價值。記住，科技提供工具，而教師提供包含該工具的策略，簡單地積累更多科技的心態，需要被更有目的地使用科技所取代。

摩爾定律（Moore's Law）顯示，電腦處理的速度以接近指數速率持續增長（用於電腦供電的晶體管數量大約以每兩年翻一倍的速度成長）。這種增長已經使我們從早期的電腦遊戲，像「俄勒岡之旅」（Oregon Trail）般像素化、簡單的圖形，到更新、更複雜的多位使用者界面，與令人印象深刻的高解析度圖形。然而，由於應用軟體App、程式和設備很快就過時，這種增長也使學校領導者陷入困境，因為在科技方面資金有限，但在硬體和軟體技術上卻都要花費。

所有為教師和學校領導者進行的科技會議，都需要建立在兩個基本原則的基礎之上，這些原則可以用問題的形式加以表達。第一，這種科技將如何改善學生的學習？（考慮這個問題應該包括確認科技正在取代

什麼。）第二，這種科技如何改善教師的效能？巨型和通用的回應應該是警告的標誌。具體來說，諸如「這將有助於學生更成功」或「教師將更有效能」等一系列聲明都很好，但對於二年級學生或七年級社會科教師來說，其真正意涵是什麼呢？或許更好的方法是在課堂上使用特定的軟體，並討論使用這些軟體在課程之利弊得失。例如：如果選擇遊戲用於學生學習數學或歷史概念，則將花費多少時間在外圍活動上（例如：設置化身、學習規則、導覽網站），以及將花費多少時間專注於學習目標（例如：提高計算流暢性、研究歷史事件）？

> **(?)** 因為即使是最新的科技也很快會過時，你應該將有限的資金花費在哪裡？該科技將如何幫助所有人改善學習？哪些工具為學習者提供了最大的助益，為什麼？你使用的科技如何支持使經驗更具體的需求？有沒有運用科技使經驗更加具體的方式呢？

▶▶▶ 行動：確保有目的、變革性的科技 —— 不是閃爍和閃亮而已

在2010年R. Puentedura博士發展SAMR模式，來定義科技統整的不同程度，S是取代（substitution）、A是擴大（augmentation）、M是修改（modification）、R是重新定義（redefinition）。研究持續顯示，雖然每個程度對學習都有正向的效果，但是更大的效果傾向於在模式的上

部（更為統整，例如：修改或重新定義）。在數學課中，更高層次和統整的科技使用，將包括從演練和練習的應用軟體（取代），轉換到更適應性的應用軟體，基於學生如何回答以前的問題來出下一個問題（擴大）。在地球科學中，這可能意味著從交互式應用軟體（擴大），轉換到敘述的動畫專題（修改）。兩個較低的SAMR模式「取代」和「擴大」之間的程度差異是，「擴大」提供了功能的改善，例如：當我們研究鳥類時，「取代」的網站提供鳥類圖像，而「擴大」包括每隻鳥類的描述訊息、圖像、數據和聲音。

可能已經顯而易見的是，SAMR模式與布魯姆（Bloom）的分類法有很好的一致性。當我們轉向更高層次的統整時，雖然這兩者不是很完美的匹配，但是我們也挑戰學生的高層次思維。例如：在最低的層次，「取代」是大多數App應用軟體、程式和科技，聚焦在想法的回憶或基本的視覺化；在「重新確認」的最高層次，學生的互動和創造方式在沒有科技以前是不可能的。在一些具體的例子中，取代技術（例如：執行Google搜索功能，或使用Word、Quizlet、CourseNotes等軟體），透過鼓勵在記憶和理解層次上的學習，來協助發展技能和知識。擴大技術（例如：Google Docs、PowerPoint、QuickVoice、Explain Everything）容許學生透過電影製作、製作記事簿、繪製圖表或拍攝照片，來應用他們所知道的內容。修正和重新定義技術（例如：Nearpod、WordPress、GarageBand、Edmodo、iMovie、Google+），在於透過講故事、評論、廣播視頻和動畫，來挑戰學生評估和創作。所提到的App應用軟體是用來說明各種層次，而不應該被視為絕對的，統整的層次乃基於**科技是如何使用的**，例如：簡報軟體可以用作較低層次的手段，來與學生分享筆

記以供稍後回憶，但學生也可以使用幻燈片作爲互動式簡報發展工具，以說明更高層次的思考。

　　你的目標應該是透過科技的使用，挑戰學生深入內容的參與，爲了達成這項目標，要始終注意學生使用這項科技所取得的成就。在某些情況下，該科技可能是閃耀的，但內容卻是缺乏或膚淺的。在這種情況下，科技反而阻礙了學習，即使學生可能會有樂趣。如果你的目標是讓學生透過使用科技創造一些東西來展示對概念的深入理解，那麼要確信在任何可能的情況下，他們使用這項科技能夠超越先前沒有使用時。

> ❓ 列出你的學生當前正在使用的所有科技，你使用這些科技的目標是什麼？這些科技是否可以更換一個或多個，以便你的學生達成更高層次的思考？有沒有哪一種科技可以增加到你的課堂上，以加深對具有挑戰性概念的理解？

訣竅三
營造安全、尊重、組織良好的學習環境

　　漫步在任何學校的走廊，觀察者在每間教室走動時，將看到廣泛的行為和互動。有些班級充滿活力、充滿興奮，而有些班級則是沉悶和僵化的；有一些人充滿挑戰和好奇心，而有些人的特徵是機械式地活動和忙碌。不同的是，它似乎圍繞教師個人的管理、關係和互動，而不是內容或課程的促進。畢竟，八年級語言藝術課的內容在各間教室可能一樣，因為學校和學區的課程可能是標準化的。有些教師使學習莎士比亞成為刺激的經驗，而其他教師則提供類似根管的程序。當我們探索促進一個安全、尊重和組織良好的環境，讓我們首先並列不良與有效管理的學習環境，並思考一下。

　　這裡有一些管理不善班級的警告信號：(1)在課程開始之前或前10分鐘，大多數時間用於解決諸如：「我們今天要做什麼？」、「昨天我錯過了什麼？」和「我們應該怎麼做我們的家庭作業？」；(2)上課時間很大一部分花在讓學生專心、透過程序參與非學習任務上面；(3)教師和學生都很緩慢地從課程的一個部分轉換到另一個部分，並且教學時間主要用於解釋老師想要從學生那裡得到什麼。

　　對照之下，這裡有一些管理良好班級的跡象：(1)學生進到教室，並迅速地參與張貼在黑板上的目標或任務；(2)學生知道被期待的是什

麼，而且知道程序，所以把時間最大化，幾乎沒有混亂；和(3)班級有正向的流動，從一個部分的課程順利過渡到另一個課程，因爲學生的行動有明確目的、充滿能量，知道該做什麼，並且快速地進入學習。

　　大多數的班級介於這兩種描述之間，你的班級落在這兩個描述連續體的哪個地方呢？國中和高中的典型班級從老師積極的多重任務開始（交回報告、讓學生簽到、出席上課、安排上課），而學生的參與程度也是混合的，就像透過暖身或響鈴的活動。分析這個場景，建議應該有一個目的性的計畫（通常由學校授權），要求學生在教師處理非教學活動時，完成一個複習問題。這個計畫第一眼看起來是很嚴謹的，因爲老師透過必要的任務讓學生忙碌。雖然管理的理論可能是所有這一切的基礎，仔細檢查後，我們意識到錯過了一個很大的吸引學習者投入的機會。

　　教師的成功（或未能成功）高度依賴他們班級經營方面的實力，如果將班級經營與桌面做比喻，則成功的經營類似於容許事物保持在其水平的桌面上。更具體地說，平坦的水平桌面容許任何東西放置在其上（教學、評量、互動），並保持穩定。隨著桌面傾斜到接近垂直，最後一切東西都會從它的表面掉下來，什麼也不能留在上面。不過儘管有效的班級經營是任何成功班級所必需和重要的部分，但是它的基本角色是爲其他一切，例如：教學、策略和互動的發生，提供平臺。

　　對許多教師來說，班級經營是關於學生的行爲、規則和程序，建議大部分的學習在服從和一致下完成。從這個信念開始，自動地限制了在教室裡可以達成什麼。所以我鼓勵你在心流和互動下思考經營，取代服從和一致，二十一世紀的教室必須充滿靈感、挑戰、創造力、問題和互

動。教師的角色在引導以安全、尊重和協作的方式互動，將教學轉爲花在學習的時間最大化，以及將花在非教學的慣例、程序和轉換的時間最小化。

訣竅3主要聚焦在兩個問題：(1)如何改善課堂中的學習流程（**課堂流暢**）；以及(2)如何透過更好的班級經營（**班級互動**），改善課堂中的互動？

課堂流暢

我們都喜歡感受我們的時間是有價值的，只要想到坐在交通堵塞車上的司機其沮喪的臉，你在打電話時被擱置的苦惱，或者乘客的航班被延遲或取消的情緒爆發。學校也不例外，教師想知道爲什麼學生從午餐期間興奮，到上課時昏睡，到翹課離開教室，原因很多，但是討論的核心問題之一涉及我們如何使用和建構課堂時間，教學節奏、程序和慣例，都提供了容許課堂活動順暢地流動的架構。

> ？ 你需要改變什麼來創造一個更流暢、更好的管理，以及更有吸引力的學習環境？

有些班級似乎只是「發生」；也就是說，它們充滿了可以或不可以與特定的標準或目標相關的活動、事物和討論。本書中我的重點是更有意象的，事情的發生是爲了一個目的，我喜歡教導一個好的課程，撰寫

❶ 訣竅3
營造安全、尊重、組織良好的學習環境

評分	1（待成長）	3（熟練）	5（典範）
課堂流暢（3a）	順利和有效地管理教學時間和非教學事務		
	教師在轉換後難以適當地掌握教學節奏並重新聚焦班級；大量的非學習時間，時間被浪費。	教學節奏和轉換有效且平順，轉換時幾乎很少時間的損失。	除左列熟練條件之外，學生在課堂中，對提示通常會自動地回應。
	教學程序不連貫且缺乏組織。中斷和非教學的任務，明顯地消耗掉時間。	教學程序明確、有目的且吸引學生參與。任何非教學的中斷都是簡短的，能讓學生很快重新聚焦。	在過程中高度的自動是顯而易見的。中斷後，老師幾乎沒有或很少提示，學生就能迅速回到常規。
	學生的行為就像不知道基本常規或感到困惑。	常規平順流暢，為學生所知，並且讓學習很少中斷。	除左列熟練條件之外，學生熟悉並快速地回應常規提示。班級出現「自動運作」的情形。
課堂互動（3b）	有效管理學生行為，培養尊重和協作的氣氛		
	行為管理缺乏或執行不力。學生行為明顯損害了班級安全和教學進展。	行為管理是顯而易見，明顯主動積極的，當必要時有適當的反應。	除左列熟練條件之外，學生迅速回應管理的期望，一致性地重新聚焦在自我和他人。
	教師展現負面的影響且缺乏耐心。	教師傳達可信賴的風度、正向的情感和耐心。	除左列熟練條件之外，所有學生都參與創造正向、尊重的環境。
	教師表現得不可接近，提供很少或沒有支持，是高傲的，經常諷刺及／或明顯不尊重。	教師在互動期間，平易近人、支持和尊重學生。	教師對所有學習者展現出積極的支持，學生能夠與其同儕尊重的對話。

來源：©2015 J. C. Marshall, D. M. Alston, & J. B. Smart. 版權所有。經同意後使用。

一篇優良的文章。文章有很多的目的（創造性、說服性、解釋性），但在所有情況下，紮實的寫作，引用一個引人入勝的介紹，或一個問題，來協助架構論文或前提，能迅速地抓住讀者的注意力。然後，作者透過說明性的評論、例子、數據或圖像，強化和支持論文，來吸引讀者。最後，結論透過摘述關鍵的想法，將所有的部分結合在一起。這是粗略簡化的論文寫作過程，但重點在於其通常有三個部分（緒論、正文、結論），需要共同協作。

　　讓我們來看看這些一般的組成要件，看看它們如何運用於課程上。大多數課程的介紹，可能有或可能沒有相關聯於該課程，都會從暖身或鈴聲活動開始。關聯的缺乏，可能類似於從以前寫作的結論語句開始一篇文章，在這種情況下，缺乏一致性會迅速變得顯而易見。在行動步驟（用不同的鈴聲來創造正向的習慣和常規）中的整個部分，是專門針對班級開始的不同方法。我不會在這裡討論課程的主體，因為它在其他訣竅中也有涵蓋，但是我想要說明結論，我看到的數百個課程，絕大多數都缺乏結論或摘述。透過讓學生完成單獨的工作，或給他們「自由時間」來結束一個課程，錯過了把各部分知識聚合在一起的不可多得機會。學生需要在整個課程中看到價值，當開始、期間和結束，都圍繞著一個中心概念或想法建立連結時，將大大增加改善學習的機會。在本章後面的行動步驟中有個建議，更擅於使用課堂的最後五分鐘，帶領學生一起感受、複習、簡報、延伸他們的思考，或讓他們思考明天上課開始的一個問題。

> ❓ 你的課堂是如何開始和結束的？為什麼你這樣做？這是管理和吸引學生投入最好的方法嗎？

　　除了課程的連貫之外，課堂流暢的另一層面包括規範和常規，將規範和常規結合到教學，從多種原因來看是有利的。所有的學生，特別是很多特殊需求的學生，當有規範和常規來引導他們時會表現得比較好。常規包括每件事，從學生進入教室和開始課堂學習，到他們的家庭作業應該做什麼。這些是物理元素，但是常規和規範也涉及人際方面，例如舉手說話，或是在討論時如何有效地回應他人的期望。在班級裡，學生使用的教材可能有安全顧慮，例如科學課，常規對於課堂流暢最大化和確保學生安全特別地重要。

　　在學年開學之初，重要的是要有相當的重視和時間關注及頻繁的提醒，以確保常規和規範成為習慣，爾後一旦發生這種情況，偶爾的提醒就足以使教室保持一致。如果常規和規範不一致，特別是在學年之初，那麼所需的習慣就很少會形成。

　　最後，確保你的常規在邏輯上依循著你的教學順序，例如：如果你通常在課堂開始時回顧家庭作業，那麼就要訓練學生進入教室時，不要把他們的家庭作業放在文件夾中；相反地，你的常規應該要求學生於鐘聲響起、遲到之前，在他們桌子上準備好家庭作業，還有訂正的筆（有些與作為家庭作業的書面部分不同）。你可以分配兩三分鐘討論家庭作業，看看學生最困難的地方，然後公布答案，或花一些時間來解決最困難的問題。為什麼要花時間瀏覽學生已經理解的材料呢？這樣做浪費了每個人的時間。

你在教室裡使用的最常見常規和程序是什麼？它們是安全、高效率、最小干擾的嗎？

課堂互動

當有人說「班級經營」時，教師經常想到行為管理。然而，如果班級組織和安排良好，那麼行為管理就成為你課堂互動組成部分的一個小背景。毫無疑問的，和有些學生一起學習是非常具有挑戰性的，往往出於各種不同的原因，但重要的是要注意，學生經常有問題的僅是他們部分的課堂上。為什麼有些學生表現得很好，在某些課程中參與學習，但在其他課程中卻有所破壞？這種情況很大程度根源於管理的實踐，以及在班級中建立的關係，目標使積極性行為保持一致。

 你班上的期望行為是什麼，你的學生能一致地符合這些期望嗎？你如何提高班級學生在課堂中行為管理的主動性呢？

雖然行為管理對於實現學生最大成功是基本的，但是班級經營的其他重要元素，包括教師的「存在」和人類互動中展現的尊重。如果教師未能獲得學生的注意，那麼尊重和管理的努力就會迅速解散。

在許多方面，我們就像教室裡的銷售人員，但我們的銷售通常不同於汽車銷售員或商場的店員。具體來說，我們的存在建立在我們如何有效地銷售我們的產品（知識、技能、內容）和我們的服務（尊重、協作、互動）。很多教師可以傳達商品的重要性，但最大的挑戰——也許即是什麼使卓越的教學與一般的教學有所不同——是學生參與服務的程度，與內容的深度互動，或充分地尊重不同的想法（不是人們），要為學生提供服務，需要可信賴的風度、正向的情感和無比的耐心。

如果我們很容易發怒，和學生在一起是敷衍了事的，或者經常表現出消極的態度，最終把學生分為兩組：那些快速達成精熟和彈性的人（成功者），與那些有時掙扎或可能不那麼自信的人（失敗者），這項分組是圍繞在哪些人可達成和哪些人不會達成的固定心態。關鍵點不在於我們都必須溫暖、模糊和溺愛，但我們確實需要對自己的存在感到自信，而不會對任何學生產生自大或貶低。很多時候，我們的行為是微妙的，可以在有人提請注意這個爭議時進行調整。例如：我可以透過教師肢體語言的顯示，或其在上課鈴聲發出後最初的少許字句，快速判定該師是否進入榮譽或AP（Advance Program）進階課程，而不是一般或低級課程。

> **(?)** 其他人如何描述你在課堂上的存在？你能做什麼來改善你的存在？

最後，一個管理良好的班級高度依賴於尊重——教師對學生、學生對老師和學生之間互動的相互尊重，在沒有學生和教師相互尊重的情

況下，幾乎不可能在課堂上進行有意義的討論。重要的是要知道，不是所有的學生（或成年人）從開始就得到尊重。對很多學生來說，尊重是必須掙來的，而不是預先給予的，這不是個人應該採取的措施，它可能是文化差異、校外學習行為，或防衛機轉的結果。如果學生從一開始就未表現出尊重，重要的是不要過度反應；相反地，要一致和堅持你的期望，使尊重成為你課堂的規範。訣竅5將討論如何促進有效的課堂互動，我們目前的討論，先比較尊重與不尊重的環境。

在尊重的教室裡，教師是平易近人和支持性的，並努力在學生之間建立信心和自尊；在不尊重的環境中，教師傳達侮辱、諷刺和缺乏支持。我們可以態度堅定，但從來不耍手段、個人人身的攻擊（即使是微妙的），或諷刺的評論，最後貶低學生的幽默。這些從來就對鼓勵學生願意承擔風險、營造正向的教室環境，沒有幫助。

「尊重的、支持的和平易近人」在你的班級看起來如何呢？需要改變什麼來改善你的課堂環境呢？

訣竅3的行動

為了指引你的討論、自我反思和接下來的步驟，針對訣竅3的核心概念：**課堂流暢**和**課堂互動**，請考慮以下行動：

▶▶▶行動：教學流暢最大化

時間對於教師來說是一種珍貴的商品。大多數中學和高中教師花費180小時左右（每天1小時，180天），與學生在一起接受挑戰，協助學生在這段時間卓越。小學教師通常有更多的時間與學生在一起，但是必須幫助學生在多個學科取得成功。在任何情況下，有效使用時間是一個關鍵議題。

教師經常說，如果他們有更多的時間，他們可以為學生做得更好。我喜歡翻轉這個想法，詢問：如果你有更少的時間，你怎麼能做得更好？問自己，如果你有更少的時間，你會做什麼？這會迫使你關注真正重要的事物。

在過去十幾年（教學、觀察、協同教學），在數百個教室裡，我發現一般教師在非教學事務上平均花費大約20%的上課時間，如果還包括分配給學生個別學習完成而少有或沒有教師支持時，這個百分比變得更高。關鍵是我們需要成為時間的好管家，我們可以接受浪費自己一個小時的時間，但浪費一個小時的上課時間，相當於浪費約30個人／小時的時間（每位學生1小時）。

開始更有目的性地思考你的時間的一種方法，是分解近幾天的時間分配。然後將其具體分類（暖身、筆記、發送講義），並且納入較廣泛的類別中，諸如教學與非教學時間；協作工作和關係建立，以及個人工作；或學生花費在積極參與和被動接受知識的時間。

> ❓ 什麼是你最無效的時間使用（「無效」是指花時間的方式無法幫助學生實現更廣泛的目標）？你如何調整你的教學流程，讓更多的學生參與更長的時間？

▶▶▶ 行動：使用有效的程序來獲得有效的學習

有效地吸引學生參與班級，經常需要在給定的任何課堂期間有多重的轉換活動。如果一個50分鐘的課堂有四個主要轉換，那麼學生需要熟練、平順和快速地轉換並重新聚焦。每節課四次15秒的轉換等於班級每天的1分鐘，但每節課轉換四次90秒，每天就要耗掉6分鐘的課堂時間。在一個星期的課程中，這是5分鐘和30分鐘之間的差異。無論是涉及轉換還是依循常用的教學程序，效率是關鍵。

強調常規和程序的**效率**，也強調學習的**有效性**。當課堂出席、發放講義、收集學生作業，或從事任何其他非教學性常規時，重點必須是提高效率。學習是一個完全不同的遊戲，重要的是不能犧牲有效性來提高效率。最後，目標設定在學生可能達成的最高程度，所以如果你是在處理非教學性議題，那麼你的重點就是把時間和精力最小化，從而提高效率。但是，如果你正在處理教學議題，如促進合作、引導同儕編輯或設計實驗，那麼你的焦點必須主要在有效性。任何有效率的非教學性行為，可以釋放相當多的時間用於教學和關係的經驗。再者，提高非教學性事務的效率可有效遏阻行為問題。一位和我工作多年的老師問我，是否可以前來教一個在她25年教學經歷中遇到的最艱難的班級。雖然每一

件事情不能在一堂課解決，她在課後的評論是：「哇，你沒有停止！學生在適當的時候會被給予工作的時間，但事情之間不會中斷。」

有些人的口頭禪是，今天要做的事為什麼可以推遲到明天？對於那些在壓力下努力的人，這種行為模式可以導致一些成功，但拖延建立課堂常規和程序，通常意味著習慣從來不形成或形成太晚，難以節省很多時間。如果你相信，關鍵是你應該花時間在學習和關係上，然後在早期建立常規和程序，以便有做其他更重要事情的時間。學年開始早期時間的投入，可以整年都有收穫。

如何改善我課堂中的轉換？有什麼其他經常的程序，可以讓我課堂上更有效率？在我的班級有什麼關鍵的常規？我如何確保所有這些常規成為每個人的習慣？

▶▶▶行動：用不同的鈴聲來創造正向的習慣和常規

學生來上課很興奮地參與一個3到10分鐘鈴聲活動是什麼？複習昨天的一個問題，或模仿今年隨後將出現在標準化測驗的類似問題？關鍵不在於學生是否需要複習、反思或寫作；相反地，關鍵的是：應該什麼時候和如何發生？

讓我建議另一種方法。首先，讓所有學習者參與實質性的和重要的事情。這個問題可以是挑戰性的，可以探索好奇心，或者也可以由學生提問。關鍵是讓他們從一開始就思考、探索和對話。

想想上次你去看電影。戲院所有人開始時並沒有向你展示特色電影中最無聊的部分；相反地，他們向你展示的是即將到來的賣點——他們可以找到的最刺激或最吸引人的剪輯，讓你快速地回來投入。如何為你的班級嘗試相似的事務？提供即將到來的幾天或幾週具吸引力的一些亮點，這在星期一可能是一個很好的主意，當學生經過兩天或更多天休息後，重新參與學校經常有困難。

其他例子包括發現學生興奮或好奇的時事，以某些個人方式將即將到來的課程與學生相關聯，或者賦予一些幽默。幽默可以減輕情緒，並且鼓勵學生承擔風險，即使有一些日子的工作可能是極具挑戰性的。請注意，有很多種幽默，但諷刺的幽默是不可接受的形式，使學生成為嘲笑的對象，而雙關語、謎語或笑話，讓學生思考內容趣味和具傳染性的幽默則可行——很多學生將開始添加自己幽默的組合。

你的課堂如何開始是重要的，而你如何結束也是。大多數課堂只是止於——這是你的作業、準備明天的測驗、完成實驗報告；取而代之的是，如何花費時間來簡報摘述並將這些片段拉在一起？你可以透過最後幾分鐘使用它們來澄清困惑的領域，或者複習或練習今天或前幾天已經學到的概念，這是很好的運用。這種花費時間的方式還讓我們有額外的機會，以顯示如何將學習連結到學生、學科和其他學科。

> **?** 在你的課堂上最讓你挫折的是什麼？課堂是否有常規或程序，如果它成為一種習慣，可以消除或至少減少這種挫折嗎？你需要做什麼來使這個常規或程序成為你的學生的習慣？你更有效地開始和結束課堂，可以採取的三種或四種方法是什麼？

▶▶▶ 行動：主動積極

主動積極的班級經營對於班級的平順運作是基本要素，特別是如果你是一位相對新任的老師，這是你可能會和學生發生爭鬥的領域。行為管理是班級經營的重要組成部分，當你的指示有令人信任的風格、根據適當的後果建立公正的規則，獲得成功，並與下列的這些規則一致時，可以顯示對所有人的尊重。

有很多班級經營的著作，例子包括：《學校的開學初》（Wong & Wong, 1998）、《愛和邏輯的教學》（Fay & Funk, 1998）、《尊嚴的紀律》（Curwin, 2008），和《班級經營的運作》（Marzano, 2003）。但是你需要個人化，選擇你要依循的建議和指引，不管採取的計畫為何，你可能會發現最大的挑戰是要求一致性。

隨著課堂變得更加以學生為中心，身為教師的你，需要更好地控制。精熟掌控要求你必須示範期望學生表現的行為，諸如適當和高效率地從一個任務轉換到另一個任務。對於一些人來說，這意味著在課堂上學習接受一定量的噪音，有效能的教師很快地就會學到噪音是可以預

期的，什麼程度的噪音是可接受的，所謂「積極性的噪音」聽起來像什麼，以及如何幫助那些容易被噪音分心的人。

> ⑦ 執行規則時，哪些地方是一致或不一致的？在你不一致的區域，首先要決定規則是否需要，或需要更改某些內容。你在學年初如何變得更積極主動，以避免後來的爭議？

▶▶▶ 行動：建立你作為教師的身分

每個學期，我要求我的實習老師告訴我，從其學生的觀點來看他們的聲譽。在困惑凝視一瞬間之後，他們很快意識到，在幫助形成一個正向的、他們自己想要的聲譽中，他們扮演著積極的角色。我們經常不知道別人如何看待我們，所以找到一個場域是重要的，容許客觀地衡量我們的影響和給予他人和爲他人示範的程度。

以下是衡量教室氣氛的一些方法，你可以協助促進：(1)拍攝自己上課的錄影片，然後加以查看，找出關鍵的層面；(2)詢問能夠觀察你的教學，並且願意完全對你誠實的同事或朋友的意見；(3)用匿名的承諾，給你的學生做個簡短的調查。

> ⑦ 你在同儕和學生之間的聲譽是什麼？這是你想要的嗎？如果不是，你可以採取什麼步驟，由個人開始將當前的感覺轉移到你想要的感覺？

訣竅四
安排具挑戰性且嚴謹的學習經驗

　　雖然許多人責難教室裡盛行著冷漠氛圍，但多數教師在面對與消除這項對於學習的威脅時，卻覺得自己能力有限。學生的冷漠在許多方面顯露出來，但最常見的是學生沒在上課、惶惶不安，或者表現出生氣的行為。不管它在教室中假定的原始面貌為何，其結果是大部分學生表現不如預期。

　　Csikszentmihalyi（1997）指出，學生展現出冷漠，也許是我們對學生的技能與挑戰水準抱持太低的期望。當學生不知道問題的答案，或顯示出未能掌握基本能力時，我們自然地傾向於逐步減低問題或任務的難度，直到學生能夠回答出正確答案為止。在此荒謬的捉迷藏遊戲中，經常最後落得只是簡單的在課文中找答案，以及在學習單中上填空。我認為這樣的方式恰與我們應有的作為相反。當學生參與課堂任務、主題與課程時，他們要付出相當的努力以獲取成功。在某些情況下，他們付出這些努力是不想讓你感到失望；然而更重要的是，在自信心開始提升之後，他們會提升自己的表現，因為學生也並不想讓**自己**失望。

　　新的課綱提供很好的機會，提升我們對所有學生的期望。就像我先前所提到的，要學生僅僅列舉或描述出事實、人名或日期已不足夠。在新的課綱下，教師必須要求學生說明想法、提供證據、為複雜的概念建

立模式，以及設計實驗等來幫助他們學習。創造出更有挑戰性及嚴謹的學習機會，此一任務顯然並不像只是提高對學生的期望這麼簡單。假如能夠如此簡單，學生的成就早就可以一飛沖天。

我們遇到一些難題，我們生活在長存有這種觀念的世界，亦即認為如果我們善於某件事情，這件事情就變得容易。但是我們也知道，我們最大的滿足通常來自我們在生理或是智能上能夠伸展自己，而達到最大的成就時。在學生樂於拿出最佳表現之前，他們必須能看見他們所冒風險的內在價值。這一章開始闡明與建立高度期望與具挑戰性的文化有關的複雜事項，同時討論可以挑戰每個學生的教學其應有的樣態。

訣竅4主要聚焦在兩個問題：(1)你如何建立高度期望的氣氛與面對挑戰時不屈不撓的意志（**營造具挑戰性的文化**）；以及(2)你所提供的學習經驗如何適切的挑戰學習者（**提供學習上的挑戰**）？

營造具挑戰性的文化

設定清楚、高度的期望本身並不會根除冷漠，也無法因此立即產生吸引人且具挑戰性的文化，但它卻是讓這些結果能夠發生的重要第一步。想像一下相對的兩端，學生來到一個班級，在180天所謂三年級、七年級的數學、美國史或物理課的學習生活經驗裡，教師提出教學內容，學生上課遵循並模仿老師的示範而進行填空或大小考試，除了完成學習單或評量之外，別無其他明顯的引導與期望。而另外一個教室裡，學生鞭策自己、與同學彼此相互挑戰，期望老師拿最好的來教他們。

● 訣竅4
安排具挑戰性且嚴謹的學習經驗

評分	1（待成長）	3（熟練）	5（典範）
營造具挑戰性的文化（4a）	營造努力不懈與高度期望的氛圍		
	對學生期望太低及／或沒有清楚的向學生傳達。	教師設定適當的期望，並向學生傳達這個期望。	教師與學生共同追求高度期望。
	教師沒有示範且學生也未展現出毅力、堅持不懈和自我監控。	教師有示範且大部分學生展現出毅力、堅持不懈和自我監控。	不管是哪種能力程度的學生都能展現出毅力、堅持不懈和自我監控。
提供學習上的挑戰（4b）	提供具挑戰性、差異化的學習經驗		
	課程顯得粗略，缺少挑戰性與嚴謹性。	課程提供適當的挑戰。	課程提供一個明顯能讓所有學生適當挑戰的機會。
	教學方式單一且未能鷹架支持大部分的學生進行學習。	教學方式差異化，且提供適當的鷹架支持以滿足不同的學習準備度的學生。	所有學習者有差異化的學習挑戰，適當的鷹架支持以協助學得最多。

來源：©2015 J. C. Marshall, D. M. Alston, & J. B. Smart. 版權所有。經同意後使用。

　　很少教師會承認他們與學生的互動像是前一種所描述的情景，但從全國各地數以百計的教室觀察中告訴我，極少數教師能夠名副其實地說他們已經建立了符合第二種情景的文化——教師與學生每天都能共同且持續地追求高度期望。而之後的問題變成是，你或你的教師同儕要如何開始從低度甚至於沒有期望的狀況，轉變成為對所有學生，以及教師，均抱持清楚、一致且具挑戰性的期望。

　　當學生開始能達成超越自己能力所及的成就時，卓越教學便顯而易見。具體言之，卓越教學提供動機、指引，並激勵學生達成以往自己認

爲不可能達到的成就。

> ⑦ 在你的班級中，高度期望看起來像是什麼？你如何知
> 道你所設定的期望高度是適當的？其他人會認同你所
> 設定的期望夠高嗎？證據爲何？

我們都曾見過或是親自經歷過——持續渴望嘗試某件事情，直到我們達到熟練、獲勝或是滿足我們的想望。我看過這樣的情況，孩子們拒絕放下新的數位產品或遊戲；我看過這樣的情況，青少年在籃球場或足球場上想要熟練某一個動作。我也曾見過這種情況發生在對問題或疑惑有極高興趣的學生，直到解決之後才肯停下來。毅力是學生或教師從內心燃燒出來的一種渴望與欣喜。雖然學生不可能帶著學習的內在需求來到你的班上，或者了解你未來一年將教學的概念或標準，然而重要的是，你要找出大約5至8種與科目相關的事項，可以用來維繫你追求卓越。

學生很快地就會學到，如果他們等的時間夠久，老師或其他同學就會提供那些本來需要他們自己完成的問題的答案。當學生習慣等待別人的答案，在解決具有挑戰性的問題之前習慣放棄，我們是與毅力背道而馳的。

在你的班上要提高堅持與毅力，最好的方法之一或許是從自己開始。假如你的熱情是在閱讀或是藝術上，在數學或科學課時，你可能也不太能堅持。問問自己，是否有某些領域你傾向會堅持，而其他領域，你則傾向變得容易沮喪並且退出。後者的這些領域，可能是因爲你只有

些許的興致，或是對自己的能力缺乏信心。假如在教室裡，你沒有對學生示範毅力，你的學生也就會傾向只在自己天生感覺有信心、較博學或有天分的領域上表現出堅持。

我在本章稍後會更詳細的討論鷹架支持與準備度，但值得一提的是，有一種方法可以協助學生開始變成更能堅持的學習者，那就是為你以及你的學生設定目標，在學習期間，你們會彼此相互督促。引導性的自我監控會使教師和學生詳細規劃出進步和成長。對學生而言，首先的目標可能是在解數學問題時，能夠堅持至少一分鐘，然後才去請求協助（在數學科，大部分學生僅堅持幾秒鐘，而不是幾分鐘）。假如你的個人目標是學習更有效的教學策略或是完成碩士學位，那麼設定目標並與學生分享你的成長，例如：透過研究，你學到什麼可以讓你成為更好的老師，又有哪些地方是你堅持不變的？找出學生與成人努力不懈的多元例子，向學生說明抱持毅力以及持續致力達成目標，將能夠邁向成功。我們可以使用一些持續努力並跨越障礙與挑戰而成功的個案（例如：梵谷、披頭四、麥克‧喬丹、愛因斯坦、貝比‧魯斯、蘇斯博士、林肯）。

> **?** 你可以用什麼方式鼓勵學生堅持、有毅力與自我監控？

提供學習上的挑戰

失敗是容易的，到課堂而不學習很容易，不做家庭作業很容易，在考卷上簽名後繳白卷也很容易。在太多的班級裡，我們都讓失敗成為容易走的路。

透過我對學生成功的堅持、支持與堅定不移的信心，而不是透過降低教材難度，我的目標是讓學生失敗變成異常的困難。我能部分理解來自教師的論點：「我的學生需要承擔責任——我的責任是教，學生的責任是學。」我非常希望我的學生承擔責任，但我賦予他們的挑戰，必須適合他們的發展、智識與情感。

讓我補充一下，假如你教五年級，一個學生來到班上，她的課業紀錄不佳、技能不足，你真的認為只要鼓勵她擔負起自己課業的責任（因為這是中學所期待的），就能突然讓她開始朝此期待而努力？很多人掛在嘴邊的《阿波羅13號》電影臺詞：「失敗不是一個選項（Howard, 1995）。」在電影中的這一幕是成功教室應有景象的強有力隱喻，但我們的行動必須與我們的語言相一致。我讓學生知道，我無法強迫學生完成考試、學習任務或是家庭作業，他們將最終掌控自己的成敗。然而，我也同時讓他們知道，我會盡我所能讓他們獲得成功。此外，我會使學生失敗變成是一種少得可憐而非很容易面臨的經驗。我會挑戰學生，讓他們每天都全力以赴。我會在午餐時間找他們；當我知道他們並未盡力時，我會退回並要求他們重做報告；我配合學生方便，時常提供複習及協助的時間；我在家會打電話給學生；發電子郵件；請家長用支持性的（而不是懲罰性的）方式參與。是的，學生必須做某些功課，但是對於

經歷多年失敗的學生，必須提供足夠的支持以協助其獲得成功。當一個學生持續表現獲得成功，此時才是鼓勵學生開始擔負個人責任的時機。

> **❓ 你對所有學生所能接受的最低學習表現是什麼？你如何鼓勵學生超越你對他們設定的期望？你在最近的課程中提供什麼程度的挑戰？這樣的挑戰足夠嗎？**

　　唯有了解所有人的需求是不同的，我們教室裡的學習才能成功。對此看法的第一個反應常常是「是的」、「我們都有不同的需求」；但是接著我們會很快地加以反駁，在每天要教導30或130個學生的情況下，不可能有方法能夠滿足所有的個別需求。不論是幼兒或者是老師，我們都有著不同的需求、不同的個人日常生活事務、獨特的價值觀，以及不同的優點與弱點。

　　在我與教師同事共同的工作中即可證實，在許多方面，我們全都不同。有些教師擁有豐富且紮實的內容知識，有些擅長與學生、家長建立良好的關係，另一些在教學方法的創意上有絕佳的經驗。所以，當我們一起邁向專業發展時，身為促進者的我，很重要的是必須分別滿足這些不同的期望與需求。

　　面對幼兒園到高中的學生也是如此，所有人總體的目標也許相同，但達到目標的方式經常是不同的。有一件事情是肯定的：當我們使用講述或直接教學作為我們主要的教學策略時，對於學生需求做不同差異處理的機會，會產生很大的限制。當我們的方法缺少多樣變化時，我們也許會看見短期收穫，但卻會限制絕大多數學生長期的成功。

　　雖然許多書籍都有關於差異化的教學方法（例如：Tomlinson, 2014; Tomlinson & McTighe, 2003），核心的問題依舊是教師如何有效的回應所有學生不同的需求。差異化可以透過課程（包含課程內容及教學過程）、評量或作品，以及教室形成的氛圍來達成。當我們的目標是要使教室能做最大的差異化處理時，最關鍵性的考量是知悉學生怎樣可以學得最好，結合其興趣與性向，並基於學生準備度來決定教學。

　　我們如何鷹架支持學生的學習經驗，對確保達成最大可能的深度與嚴謹度是重要的。假使我們把學習當成爬樓梯，有時樓梯太小或太平淺，學生在沒有教師與其他人的協助下，很快地就獲得知識與了解，他們很快就會覺得無聊；但有時樓梯太大或太陡，這時學生被過度期待要超過他們現在的能力而快速進步。教學的目標是找出能夠提供挑戰以增進學生知識、表現與成就的區間，但在過程中不會變得不堪負荷。身為教師，我們的目標是協助學生無論是否在我們的協助下，對漸增的學習複雜性、挑戰性與困難度，均能應付自如。

> ⑦ 在你現在的課程或單元中，哪裡最有機會進行差異化教學？你可以如何做好學習鷹架？你要如何針對不同準備度及能力的學生，讓今天的學習成果極大化？

訣竅4的行動

為了指引你的討論、自我反思和接下來的步驟，針對訣竅4的核心概念：**營造具挑戰性的文化**及**提供學習上的挑戰**，請考慮以下行動：

▶▶▶行動：記住「棉花糖測試」，建立學生的自我控制

有個始於1960年代被稱為「棉花糖測試」的實驗，實驗結果顯示自我控制與延宕滿足，對未來社會及認知成功的重要性。三十幾年前最初對幼兒園生進行的測試十分簡單，給小孩選擇：選擇現在吃一個棉花糖，或是選擇等到研究人員回來後，可以得到兩個棉花糖的獎賞。這個自我控制與延宕滿足的測試，廣泛對於幼兒園到高中的班級學生有重大的意涵。對於原先參與幼兒園棉花糖測試學生所進行的縱貫研究資料顯示，能夠自我控制的學生，在SAT測驗上有較佳的表現、BMI指數較低、社會與認知功能較佳，並展現出整體較佳的自我價值，即便30年之後的今天亦復如此（Mischel, 2014; Schlam, Wilson, Shoda, Mischel, & Ayduk, 2013）。

許多教師用班級管理來思考自我控制（要求學生坐在位子上、遵從教學指導、表現出合宜的行為），然而自我控制與延宕滿足有更大、更深遠的意義。具體言之，自我控制相當程度的是可以受到教師影響而獲得發展或增強與否的一種習慣。自我控制是堅持的盟友，自我控制力不佳的學生在數學問題上會有衝動的回應；在文章寫作或填寫學習單問題時，會將腦中浮現的第一個念頭寫下來；而在科學實驗上只會進行一次

假設考驗。在學習歷程中，缺乏自我控制會導致學生缺少自我監控，包括檢查答案、修正作品與驗證測試結果。

你可以給予這些缺少堅持毅力的學生很大的幫助，要求他們展示出獲得解答的路徑，在副本上做記號標示編修之處，詳述多樣的考驗結果。這些行為若變成習慣，將能確保學生學習得到更大的成就和精確性。同時，你也必須要求學生不只是將學習單上的空格填滿。在達到你所期待的自我控制之前，學生必須明白你此項要求所存在的價值。

> （?）在課堂上，你如何促進學生自我控制與延宕滿足？在班級互動中，你需要改變些什麼以促使學生有更大的毅力？

▶▶▶行動：培養毅力，但知道何時拋出救生圈

韌性與它的表兄弟——毅力和努力，有著不可分的連結。具體言之，我們如何回應困難與挑戰，決定了我們能否堅毅不撓，與持續投入顯著的努力。當我們變得更具韌性，我們的決心會增強，會樂於冒險接受更大的挑戰，這些需要更大的毅力。若目標是激發韌性與毅力，那麼課程就必須是以學生為中心，並且具有吸引力。當學習只是以教師為中心時，所使用的知識、問題解決途徑與程序，全都還是教師的智慧財產，學生只是向教師借用智慧財產以複誦或模仿解答。一旦學習轉變為學生中心，學生必須開始絞盡腦汁去思考未知的問題以及新奇的事物，

並用他們的方式找出解答，以及思考更深入的問題。許多教育工作者誤以為學習困難的學生偏好較不複雜的學習任務，但研究指出這些學生事實上是偏好能激發好奇心與鼓勵思考的作業（Benard, 2004）。

　　促進學生具有更大的毅力，並不只是問幾個能激發好奇心的好問題，就可以輕易達成。要成功，教師必須增加學生願意堅持的時間，從持續幾秒鐘增加到持續幾分鐘甚至更長，才能看到成效。教師必須估量何時對學生丟出救生圈，以及何時在提供協助之前先讓學生或小組成員踩踩水。記住，首要前提是課程要能更加地以學生為中心，因此苦思與好奇心必須不僅只是要學生確認你課堂所說的內容或所做的示範而已。

　　舉個具體的例子，上遺傳學的課程時，你可以先要求學生發展並提出一個可能的模式，說明人的特徵是如何一代傳一代。理想上，這應該在討論旁氏表（Punnett square，一種用來預測繁殖結果的表格）之前進行。重點不在於學生要呈現出一個完美的模式，而是他們會開始使用現有的技能來處理複雜的問題，其後他們學習旁氏表，相關概念才有價值與意義。在歷史課程中，你可以提供學生導致重大衝突的細節（掩蓋能讓學生辨識真實事件的細節），挑戰他們提出衝突解決之道，然後再分享真正的歷史紀錄，詳述事件實際上如何開展。在數學課程中，學生經常高度依賴教師來知道如何解題，那為什麼不提供一些巧思或場景，來看看他們是否能夠解題？

　　我們傾向認為，如果教師沒有在多種解決方法中，先示範其中的一種，學生就無法解決或是不會開始去解決問題。但相反的，要讓學生處理問題，並持續一段相當的時間，使其認知到他們需要教導（不是給解答）以解決問題；或者，在某些情況下，學生會發現他們確實能夠自己

產出解答。記住，堅持不懈與毅力的習慣需要一段長時間的發展，它不會在第一次嘗試時就產生。

在英語課程上，教師中心取向的寫作，通常是閱讀名言佳句或範文，討論它如何寫作，而後要求學生仿照範例來寫出自己的好文章。在此情況下，學生將會一味模仿範例。而較為學生中心的課堂中，教師提供一個主題並讓學生寫下他們所能寫出的最佳文章（附帶一提的是，這個活動可以作為有效的前測），而後學生與同學們彼此相互編修作品，或閱讀一些來自於作家、報章雜誌或得獎學生所寫的文章範例，然後學生會開始發現如何重新審視他們的作品，並讓作品更為有力。如此，他們是從自己的作品開始出發，並堅持達到優異的地步，而不是像是鸚鵡學舌般模仿教師提供的範例。重要的是，我們要了解，不管是什麼科目，學生需要練習以增加他們的能力與精確度，當練習是依循自我產生的經驗，學生在學習中會看到更為高遠的目標。

確保你能經常及明確的向學生溝通你期待他們這樣做的原因，而不只是看著你，然後重複地複誦資料。記住，堅持不懈與努力伴隨一定程度的精神痛苦。具體言之，你是要求學生養成新的心理習慣，大腦的預設模式是選擇最容易的來做，但這個新習慣與其相背離。但努力的學習會改變大腦，所以重要的是，教師要繼續支持與示範堅持不斷的努力（Brown, Roediger III, & McDaniel, 2014）。

> ⓘ 在這個學期有哪兩個或三個主題或概念，你希望學生展現最大的毅力？身爲教師，有哪些領域是你堅持不懈的？你的學生有明確看到你堅持邁向優異嗎？例子爲何？你如何讓堅持不懈成爲你課堂文化的一部分？

▶▶▶ 行動：配合現有的能力給予學習挑戰

在孩提時代，我記得我在溜滑梯的時候，一下子開心，一下子難過。在刹那間，我可以從樓梯底部爬到最高處；反之，只要登上滑梯板，也可以很快的從最高處滑降到地面。對許多學生而言，學習十分相似。他們看著很多學生很快的學會，而他們卻遭遇到困難，似乎落後別人越來越遠。

我們如何因應這樣的個別差異，將讓我們成爲不同的教育人員。我們必須不僅止於讓這些學習困難的學生跳脫反覆的掙扎與失敗。在學生來到國中及高中之前，他們已經經歷多年的失敗，學生對進入另一所名爲學校的「監獄」並不會感到興奮，我們無須感到驚訝；同樣的，我們不能只因爲學生很快地就精熟教材，就放牛吃草，並期待他們跳躍達到越來越高的成功水準。

分流或能力分組並不是解決問題的答案，它通常只在安撫學業優異孩子的父母，但結果是所有人都受苦。從歷史來看，分流依舊是被用來分隔白人、特權學生與低成就非裔學生的工具（Mickelson, 2003）。這些發現可追溯至早如1850年代聯邦法庭的判例（如Roberts v. The City of

Boston）。這些判例認為白人與黑人因種族而在能力上有與生俱來的差異，因而主張有必要維持黑白學生課程的隔離。

我們不能繼續讓這些刻板印象永久存在。在真實世界中，我們並不會用這樣的方式將人分流。舉例來說，雖然現在一些教師在教學工作上較為嫻熟，比其他老師花更多時間備課，但我們不會將頂尖教師與工作表現較不理想的老師加以區隔。那麼，我們為什麼能對學生有不同的做法？是的，對於這個立場，我聽到有不同的聲音，但分流與能力分組的做法應該被禁止。一旦我們開始了解多樣性（包含現有能力的多樣性）能帶來的好處，那麼我們可以開始全神貫注在個別差異上，讓所有學生都能成功。將學生依其被知覺的能力水準而隔離到不同的班級，這並不是差異化的意涵。

當學生在團體中或是個別的面對有待解決的挑戰、困惑、場景與疑惑時，教師應提供不同程度的支持。對於ESOL的學生，或者是基本識字有困難的學生，你可以提供關鍵字彙表，在小卡片上附有圖示或是簡單定義，協助他們對話、寫作及解釋。也許在他們的筆記中已經有了這些（或者沒有），其目標均在於降低認知負荷，以及降低該課程後續將繼續發生的學習困擾。在數學課程中，在運算時對概念仍有困擾的學生，教師可以提供清楚的範例；而對於能夠很快理解概念的學生，則可以提供額外的挑戰或問題讓他們去探索。為了幫助學生將學習視為挑戰而非懲罰，我們可以藉由說：「因為你對基礎概念顯然已經很精熟了，我希望你不需要做1到8題，改去挑戰第6到12題」，來稍微調整學習任務。其他學生若也想嘗試做這些題目，意味著你已提高了所有學生挑戰難度的水準。你的首要目標可能是讓所有學生都能夠完成第6到第8題，

但是你會發現部分學生可能需要鷹架支持才能完成，而另一部分的學生則需要額外的挑戰，以激發他們的思考超越最低的水準。這項對個人是團體進行差異化教學與鷹架支持的能力，必須應用到所有學科與年級。

> (?) 在你的課程中，對於個別或團體的學生，有哪些特別的地方你可以適當地提高挑戰的難度？在學生面對挑戰之前，你要如何確認學生是否已經準備好去面對挑戰或是嚴苛？當學生無法對提示、練習或是複雜問題做出適當的反應時，要能使他們持續維持高層次的挑戰，你所提出的至少三種不同的方法會是什麼？

▶▶▶ 行動：重新思考學習的終點線，並賦予差異新的觀點

對於許多學區而言，終點線非常清楚，就是春天舉行完標準測驗或是期末考試那天。會強調這個日子，是因為它的確是個終點線，一旦考完之後，許多學校和教師通常就停止教學，教學經常轉換成只是保姆在帶孩子，上課時間變成看影片或是進行學生喜歡但沒有價值的活動。

雖然我對期末浪費了所有時間有很大的問題，但我更為注意的重點是，如何使學生在抵達終點線時，能做最好的準備。另一個額外的問題是，許多初步的「終點線」是在學年期間各個不同時間點建立的，可能會大大的抑制學生冒險及提交最佳作品的意願。當所有作業都是懲罰性的時候（只針對答案對錯進行評分），學生往往變得更加小心謹慎，只

會提出他們認為教師想要的答案。

因為你的學生在你的班上長達一整個學期、一整年，你需要持續提醒他們，目標或是最終標的乃是在學年結束前他們要達到的知識及能力，而不是今天的課程中誰能正確答對每一件事情。是的，在這個過程中有很多小考及測驗，但是每一個學習主題、概念的準備度，每一個人都不同。假如學生在學習如何將小數轉換為分數，或是如何寫作說明文，每一個學生會以不同步調與深度逐漸地理解這些學習中的概念。

這個現實帶出一個議題，你如何讓各有不同能力及準備度的所有學生都能獲得成功。首先，請記住，目標並不一定是要所有學生當天都能達到精熟，終點線終究是在學年的最後一天，甚至於在此之後。

我們的目標是要了解所有學生不同的準備度，並面對他們的需求而修正教學。一個推薦的改變是從大量或塊狀的練習，轉換為綜合練習（也可稱為交錯式練習）。具體言之，塊狀練習只是提供學生某一天或整個星期，曾經模仿、討論或體驗過的相同形式問題與技能。在數學方面，這意味假如學生學習假分數，他們所做的所有題目都涉及假分數。而綜合練習則同時強調現在所學的概念以及其他已經學過的概念，學生會開始去提升長期記憶，並看見他們所學之間的連結。此外，它讓週一未達熟練的學生，即使在兩個星期後，也能夠持續做此學習，直到學會為止。課堂上使用的練習型態，類似於各種飲食——大量／塊狀練習像是暴飲暴食後拉肚子，只能保留一點點營養；綜合練習則類似攝取包含所有各種類型食物的均衡飲食。

綜合練習看似違反直覺，我們直覺認為，假使我們想要熟練某些事情，我們所需要的似乎就只是不斷地練習、練習、再練習，然後才進入

下一件事物。然而資料顯示，快速、短期進行大量練習之所得，很快地就會消失殆盡（Brown et al., 2014）。綜合練習之學習，在一開始效果很慢，但接近最後的時刻（終點線），會產生較為深刻、較多連結與長期的學習所得（Brown et al., 2014）。結果顯示，交錯式或綜合練習能夠帶來比大量練習多兩倍以上的學習所得（Bjork, Dunlosky, & Kornell, 2013; Rohrer & Taylor, 2007）。所以要讓學生與家長支持這樣的方法，清楚而持續的溝通十分重要——特別是因為它違背了大多數人的經驗。

舉例來說，要成為一個偉大的足球選手，你不能整天只是練習射門，隔天一整天練習步法，後天一整天練習過人動作。雖然一些教育工作者時常看不起教練，但是從運動教練身上可以學到很多東西。綜合練習這種概念在包括教師、小說家、警官與醫生等的專業訓練上很常見。他們最深刻的學習經驗根植於綜合練習，有時候是一種師徒、模擬和臨床的經驗。一個小說家要學習好的寫作，不會只是坐下來寫、蒐集想法、研究、寫作與編輯等單一事情而已；相反的，一個偉大文章或小說的形成，是長期透過研究、寫作與編輯的綜合練習過程而得。對於醫生而言，模擬提供一個綜合練習的環境，以供他們根據病人的不同症狀而做出診斷。

假如你忽視學生現有的準備度，你可能會就像面對著壁紙教學——不論是誰走進你的班級，都用同樣的方式，教同樣的內容，這在許多層面都會發生問題。當你的課程為學生提供分享的經驗（例如：探究式學習、問題本位學習），這會讓你在面對不同準備度的學生時，更容易做到因材施教。各式各樣的練習與綜合練習能夠讓你適應學生不同的需要，學生可以選擇或使用不同方法來學習問題解決。綜合練習讓重

點或多或少放在他們最需要練習的領域上。綜合練習促進持久的學習，因為它需要時間做演練與進展，會鼓勵強化思考與想法。持久的學習能夠超越事實知識（例如：記憶與了解）的學習，也因為要求理解概念與想法間的相互關係，而能促進較深層次概念性知識的學習。

 你如何能開始讓學生從常見的大量／塊狀練習轉變成綜合練習？你要如何與學生溝通這個改變？要如何開始改變家庭與課堂作業？

訣竅五
激發互動與重思考的學習

　　身為一個教育工作者，你很可能已經採用過Myers-Briggs的分類指標（Myers, McCaulley, Quenk, & Hammer, 1998）或者類似的指標。那麼，你是一個外向型的還是內向型的教師？儘管至少有三分之一或更多的人被界定為內向型者，研究人員持續指出，一般大眾的觀點將內向描述為不如外向那樣討喜，並且經常將外向描述為聰明、外表好看，以及令人喜愛的（Cain, 2013）。我們能否確認並面對我們對學生可能存在的任何偏見（即便是潛意識的），乃是至關重要的，因為這些偏見會大大地侷限我們而無法成為一個成功的教師。無論大眾的觀點為何，許多成就非凡的個人已經被認定是內向性格者——牛頓、愛因斯坦、史蒂芬‧史匹柏、J. K. 羅琳，以及蕭邦（Cain, 2013）。我們要知道，純粹的內向或外向是極為罕見的；相對地，我們的個性是在內外向兩端點的連續體中，位於較偏向外向或內向上的某一點。雖然教師和學生展現出不同程度的內外向特質，教師需要知道並讚美班上所有學生的人格類型。記住，內向與外向都是好的，只要確保你的教學方法都能夠照顧兩者，而不是只照顧其一而犧牲了另一個。

　　外向的人從別人身上獲得情感能量，所以他們經常尋求人數較多的社會場合。外向的人較常開啟對話，且容易吸引別人。在你的教室中，

有時即使不知道答案，典型的外向學生也會舉手，只因為他們想要進行互動。外向學生經常因為在不適當的時間發言而遭受斥責。這些學生在腦力激盪新想法時，能展現出過人之處。

另一方面，內向的人較傾向與一兩個親密的朋友互動，而不是與大團體互動。在教室裡，內向的人喜歡的是小團體而非全班性的活動；他們將安靜的時刻視為思考與反省的機會；在團體中，他們經常聆聽與鼓勵他人；不喜歡忽然間的改變。若能給予內向學生足夠的時間，他們能有相當好的創造力，他們往往能夠思考到細微之處。

榮格與其他的人曾經提到，並沒有純粹內向與純粹外向的人（Jung, 1971）。然而重要的是，要了解到你與學生們往往傾向於在人際（外在的社會場域）與內在（內心世界）之間均能覺得自在。此外，僅有一小部分的人是內向與外向兼具的中間性格者，剛好是落在內外向性格連續體的中間位置。

透過性格量表來進行一般性的傾向分類相當容易，但重要的是我們對應此分類的做法。對於教學專業人士而言，這指的是要學習什麼時候及什麼地方該趨於較為外向，或者什麼時候及什麼地方該趨於較為內向。當我們嘗試去吸引與激勵學生時，重要的是讓內向與外向取得平衡。有些學生需要在較安靜的一對一對話中方能學習成長，而另一些則喜歡在較大團體的互動中獲得發展。此外，你也可能注意到，班級好像也有其性格，有些班級較為保守與安靜，有些則較喜歡社交與互動。

一般認為，我們需要努力迎合學生的天生特質，以及他們喜歡的學習形式。我認為此觀點並非完全正確。所有學生都需要成為自信的溝通者與能進行深思的寫作者，所以我們需要幫助他們學習發揮長處與改進

↻ 訣竅5

激發互動與重思考的學習

評分	1（待成長）	3（熟練）	5（典範）
互動的文化（5a）	形塑豐富互動的文化		
	教師未能積極主動的將學生納入課程中，未能或很少看見學生參與。	在課程許多不同的地方能夠提問，刺激學生的參與和投入。	持續在課程各處提問，以刺激所有學生的參與和投入。
	沒有明顯促進師生或學生同儕之間的互動；教學壓抑了對話、提問或動機。	互動能及時促進對話、激發投入及／或動機。	互動能夠在整節課各處持續促進對話、激發投入與動機。
	所有的學習只有內在（個人）的或是僅有人際（協作）的，未見兩者的均衡。	學習經驗在人際（協作）的與內在（個人）的取得平衡。	除左列熟練條件之外，人際（協作）的與內在（個人）的學習能適時並有效的連結課程內容。
投入的深度（5b）	有助於思考性與目的性的投入		
	互動和教學任務缺乏明確的目的及與學生個人的連結。	互動和教學任務有目的性（連結到關鍵技能及／或知識），與個人化（與學習者有關聯，能激發、吸引學習者）。	除左列熟練條件之外，學生透過討論、反思，或其他觀察到的資料，提供連結到個人應用的證據。
	互動聚焦於正確答案上，期待的是典型的簡短答案。	互動過程中能經常挑戰學生，使其解釋、說理及／或證明其提出的想法與解答。	除左列熟練條件之外，學生時常批判其他學生與教師的回答。

其弱點。我們可以採取不同的策略來達成此一目標，但是此目標始終要確保學生能積極的參與學習，而不是被動的接收。

訣竅5聚焦在兩個問題上：(1)你如何形塑出豐富互動的文化（**互動的文化**）？以及(2)你的課程中哪裡有助於思考性與目的性的投入（**投入的深度**）？

互動的文化

班級策略和課程有助於規劃設計課堂進行的方式，但是為了激發學生學習，我們向他們提問的問題，以及我們激發他們的方式，是很重要的。我時常看到學生在某一堂課是疏離的，但在另一堂課卻是投入而活躍的。為什麼有這樣的差別？部分原因來自學生喜歡某科目而不喜歡另一個科目，但是我們創造的班級文化也同樣是吸引和激發學習者的重要因素。

讓參與盡可能最大化的方式之一是降低壓力。我們的社會看重高成就者，雖然敦促朝此方向的努力立意良善，但也時常使學生不計一切代價地追求成功而產生巨大壓力。實際上，教室內外的最佳表現產生在高挑戰與低壓力的情況下。當學生在冒險與犯錯的過程中覺得安全，他們會在適當的引導下，以驚人的方式挑戰自我。然而若是學生害怕失敗，他們經常會逃避嘗試，以免在同學面前顯得愚蠢。到最後，許多學生會認為，一開始就不去做嘗試，這樣就不會有失敗，這是一種可理解的防衛機轉。如果教學目標是所有學生均能參與，那麼班級文化必須提供安全、具挑戰性但低壓力的環境。

你如何鼓勵所有學生參與課堂？

創造高度參與的文化可能需要向他人學習，你是否曾注意到有些人簡簡單單就能吸引他人目光，但是有些人就力有未逮。能夠成功吸引他人的人，展現出真誠關心交談對象的能力，而且他們常會提出吸引人的問題。

仔細想一想你是如何展現你對所有學生的關心，還是你也許僅僅傾向於偏愛某一部分的學生。你在這方面的自我知覺並不如學生所知覺的那樣重要，要知道學生的想法，以及他們的想法和你是否一致，簡單的做法就是實施一個簡短的匿名調查。題目可以包括如下的單選題：「某老師深入關心哪些學生學習是否成功？(A) 總是關心全部的學生。(B) 關心一些學生，但不關心其他學生。(C) 很少關心任何學生。」

吸引他人的第二個方面是提出令人感興趣且著迷的問題，位於布魯姆認知層次分類底層的封閉式問題，很少能產生對話，也無法激勵學生做更深一層的探索。以下的例子便是如此：這篇故事的作者是誰？越戰發生在哪些年？花由哪些部分組成？相反的，我們可以用較豐富、較生動的問題來開始，例如：作者嘗試表達出什麼樣的心情？你可以提出哪些證據來支持你的答案？有時一個開放式的語句有助於開啟對話。仔細思考這些例子：我最好奇的是學習有關_____；我最大的希望是_____；假如是由我負責，我會改變_____。另一個選擇是問學生對於學習主題有哪些問題。總體目標是創造一個發問、好奇、著迷的氣氛。

分享令學生好奇的事物，營造有助於促進對話、互動的學習環境，這遠比單一教導環境能有更多的產出。一旦學生參與，我們無疑的必須問他們一些較乏味的、事實性的問題，但若我們一開始就提出這些事實性的問題，我們可能就會承擔一開始就無法激發學生參與的風險。

> **(?)** 當激發或吸引學生的動機時，你要如何促進學生有目的性的對話？

在本章一開始，我論及能兼在人際、合作的世界以及內在、省思的世界中工作的重要性，而這些也適用到教師與學生身上。教師在與家長互動、在委員會任職、教導學生或作為部門或年級的一員時，必須投入人際互動的世界。而當進行計畫、反思、創作與分析時，就必須能夠航行於內在的世界。這兩者聚合起來都是引導我們成為成功教師的重要元素。同樣的，學生必須與他人合作某個專題，以發展人際互動的能力，但是同時也需要在學習的內在層面去省思其進步或者展現個人的成就。

幫助不善人際互動的學生發展而不是逃避人際互動能力，這是很重要的。畢竟，很多人常因無法與他人共事而被解僱。透過小團體而非在全班面前的方式，給害羞、內向的學生有分享想法的機會。當學生在與他人互動上變得較為安心自在，再提供機會讓他們在其他組員的協助下，在全班同學面前分享想法。

學習的內在層面對學習成功也很重要。隨著學生在學習上變得更具有自省性、更具備後設認知能力，他們便開始形塑終身學習的一個重要層面。此外，藉由了解自身的優點與弱點，他們能夠開始構思問題，

以幫助自己解決在寫作、問題解決與學習習慣上遇到的困難。「思考—配對—分享」是促使學生發展人際與內在兩學習層面很好的方法，這個方法涉及了內在（思考）與人際（分享），並且將兩者結合起來（配對）。使用引導式問題幫助學生在分享內容之後去省思自己的學習，將深化其學習效果，並讓學習更加個人化，這樣「思考—配對—分享」就變成了「思考—配對—分享—思考」。例如在全班共同分享了訊息或想法之後，教師可以要求學生在自己的日記或筆記本裡，透過回答類似以下問題來進行反思：你仍然有哪些困惑？哪一個步驟是你覺得最困難的？

 你在課程的哪些地方提供機會給學生進行人際（協作）互動與內在（個人性、反省性）的學習經驗？

投入的深度

　　但丁作品《地獄》中，引述太陽神阿波羅與酒神狄奧尼索斯之間著名的爭鬥，代表著長久以來理智與情感的戰爭——他們想要的似乎是不同的東西。相同的，什麼是有目的性的以及個人性的，會依不同學生而異。就像生活中多數事情一樣，一方面要達到平衡，一方面要力求多元變化，這是很重要的。如同但丁的例子，當學習同時涉及理智和情感兩個層面，而不是只偏重其中一個層面的時候，對於所有學生而言，學習

會變成更個人化。

　　為了使學習個人化，教師可以將學習與嗜好、運動、藝術或者音樂相連結。教師可以藉由向學生提出有意義的問題及挑戰，來激發與吸引他們學習。舉例來說，在高中，開車相關的話題可以融入到文章寫作、數學或物理問題中。而對於小學學生，具體有形的事物以及日常生活一部分的事物，較能吸引他們。例如：閱讀一篇關於狗或者是表兄弟姊妹的故事，可能會讓學生嚷著自己有小狗或是表兄弟姊妹，並讓他們渴望分享。在中學階段，人際關係是學生有興趣的話題，但要注意話題討論不要太過針對個人，不要逾越適切性的界線，或者令人感到難堪困窘。

　　當無法直接連結到學生生活時，仍需要確保學習還是有目的性的。舉例來說，你要考慮引用重大的全球議題，如高失業率、缺少乾淨飲水、政治與社會的動盪、嚴重的收入差距等。即使你認為這些議題要和某特定的課綱相連結，很有挑戰性，你的目標應該是去找出方法，使主題貼近學生的家庭生活。例如：我最近在一堂社會課程中，多數學生表示，政府對美國憲法第一修正案言論自由的限制是完全正確的。基於此一問題的提出，我對學生的投票結果並不訝異。假如議題與他們重視的事情有關，那麼投票結果可能會有所不同。具體言之，例如：假使政府限制學生聽音樂的種類，或者是限制學生16歲前不能在公眾場合發表言論，在這種情況下，他們對言論自由也許會有截然不同的看法。

> **❓** 你要如何確保課程對學生是有目的性？且對學生是個人化的？

在學生能夠解釋、推理、演示與辯證他們的理由或想法之前，他們需要適當的提示。舉數學科的例子來說，要學生大聲說出學習單上簡短的答案，或者是要學生分享昨晚數學作業的解答，這些都會限制學生成為更具學習分析能力者的思考、投入與能力。遠比這來得有效的做法是教師提出探究性的問題，諸如：「有沒有其他方法可以解決或寫作？」「誰有其他不同的解法？」

問題的選擇與如何處理同樣重要。假如家庭作業是演算20道類似的數學題目，其學習目標似乎是在強化特定主題的流暢運算能力，教師可能只需要去示範，或更好的做法是讓學生去示範，演算20題中的5題，其他題目你只需要公布答案。當學生在黑板上解題時，時間效率應掌握好。要求某些學生在黑板上解題，而其他學生則要核對其他問題的答案，或者將某一個同學的學習單投影出來供大家查看與討論。在大部分的課堂中，大量的時間浪費在部分學生於黑板上解題，而其他人只是在座位上觀看。你也可以要求學生在小白板的左邊寫出解答，在右邊寫出文字解釋。這個方法鼓勵學生表達思考過程，並提供一個練習書面表達的方式。在語言課程中，學生可以分享其立論或最佳實例，其他人可以加以批判，使其論述更加有力、清晰與簡潔。

> ② 接下來的一兩堂課程中，在什麼情況下，你的學生會被挑戰去解釋、推理或者是證明自己的想法？

訣竅5的行動

為了指引你的討論、自我反思和接下來的步驟，針對訣竅5的核心概念：**互動的文化**與**投入的深度**，請考慮以下行動：

▶▶▶行動：建構具吸引力的提問

在過去幾天當中，你提出的問題是如何吸引學生？你有沒有提出場景、分享最近的時事、提出兩難困境問題，或者是聚焦於學生一直在問的事物上？仔細思考下表中的問題，某些問題是試圖用來吸引學生參與學習，另一些則只是設計來教導課程內容。當我規劃新的課程時，我通常先設計一些平凡的、不具吸引力的問題（如同下表中右邊的問題），但緊接著我會重新設計這些問題，直到找到能吸引學習者的方法為止。注意：假如迄今你都還只是問課文內容相關的問題，明天進入教室，你不要就開始提問那些增加學生參與度的問題。提供鷹架以協助學生學習如何處理這些具挑戰性、吸引人的問題，乃是必要的。我們的提問決定了學生接受的學習嚴格程度，他們可能需要支持，方能提升到較新、較高的層次。

參與式V.S.僅聚焦內容的提問

科目（主題）	能增進參與的問題	引出內容的問題
社會 （戰爭的原因）	·你曾經和兄弟姊妹或是朋友有重大的意見不合嗎？發生了什麼事？情況是如何解決的呢？ ·戰爭總是正當的嗎？請加以解釋。	哪些原因導致南北戰爭、越戰、美國獨立戰爭？
數學 （面積）	·附近的披薩店提供兩種選擇：兩個中披薩（12吋）共12美金，或一個大披薩（16吋）12美金，哪種披薩比較划算？為什麼？ ·假如你不吃最外圍（1又1/2吋）的餅皮，那麼答案還是一樣嗎？	寫出公式，算出：半徑為7的圓面積是多少？
英文 （有效的寫作元素）	·辨識出寫得很好的句子（從書本、文章、網頁、歌詞中選出例句），並說明你認為寫得很好的理由。針對下述情境，盡你所能寫出至少兩個最好的句子：行銷你喜歡的產品、提出有說服力的主張、提供辯解。	針對以下主題寫出一段文章：＿＿＿＿＿。
科學 （牛頓的運動定律）	·展示／畫出以下各種時間施加在你身上的所有推力與拉力：搭乘雲霄飛車、發生車禍，或是搭乘太空船。（擇一）	牛頓的三大運動定律是什麼？各舉一個例子。

⑦ 在最近兩天中，你提出哪三個問題，能激發學生參與，並且也涉及重要的學習內容與程序？你能如何改進這些提問？在未來幾天的課程中，你會問學生哪些問題，以吸引他們參與？你要如何在課程中協助支持這種改變？

▶▶▶行動：建構環繞「如何」與「為何」的對話

許多課堂都陷入一個困境，「**什麼**」形式的問題通常只能引出一個字的答案。當答案正確，教師給予認可後就開始往下教學；當答案錯誤，我們給予正確答案，或是請另一個同學回答出正確答案，給予認可，接著往下教學。然後，我們很訝異學生顯得缺乏興趣、冷漠、上課睡覺、騷動，或者是茫然地看著我們。

要使教室能彼此對話、激發學生且吸引他們，我們需要建構一個讓這些可以發生的舞臺，其中一個方法是透過多提問一些能讓學生開口說話的「**如何**」以及「**為何**」問題。這意味著需要超越只關注單一事實、孤立概念或是單一技巧的記憶。這並不表示提問「**什麼**」形式的問題就沒有價值，例如：要求學生去解釋、詳細說明或證明其答案的「**什麼**」形式的問題，就非常有價值。目標是要避免用說教方式，或只有師生兩人對話，而將其他二、三十個學生晾在一旁。要多選擇一些能使學生去反應、思考、探索與分享想法的問題。

我們不要只要求學生閱讀一個句子，然後選擇出正確的單數或複數動詞形式的教學，我們可以提供幾個句子，要學生找出錯誤所在，並說明如何訂正。這個例子主要強調主詞與動詞的一致性，但這項安排還包含寫作常見的錯誤。還記得前一章訣竅4中所討論的綜合、交錯式練習方法嗎？它比起單一重點的複誦，會更有價值、更具吸引力。試想一下，編輯人員校稿時，並不會第一輪僅檢視主詞、動詞的一致性，然後在第二輪重讀時，僅檢視被動語態或連貫性。如前所述，交錯式練習的方式也可以提供機會以因應教室中的差異性。

在自然科學上，「**如何**」與「**為何**」的問題能夠幫助學生對身旁的自然世界能有更好的理解和解釋；而在數學中，你可以提出較例行性的問題（解方程式：$3x - y = 7$，並畫出圖形），或者你也可以將學生分組，給他們直尺、碼錶、繪圖紙，並請他們畫出教師或其他同學移動的軌跡（例如：等速運動或等加速運動）。這兩個問題都強調線性方程式、繪圖、斜率，但只有第二個問題會刺激學生去觀察、測量與分析，而不僅僅是計算而已。是的，練習式的問題對發展流暢的計算能力是必要的，但這應該在學生被吸引之後才進行學習。

> ⑦ 在最近與學生的交談中，你如何激發他們？你如何改善這些討論？在課程中，你要如何與在哪些地方安排較乏味的技能與內容練習？

▶▶▶ 行動：從自我中心到概念中心的學習

6歲以下的兒童，在學習與思考上是以自我為中心，這是正常現象。皮亞傑稱之為自我中心主義。然而，在二年級之後，兒童有能力去覺察他人的觀點，但我們的教育歷程通常未能發展這項技能。我會提出這樣的說法，是立基於我定期拜訪全國各地許多教室，特別是最近在幼兒園到高中、40個抽樣班級所做的觀察。在這些班級的觀察中，只有4位教師（10%）要求學生與他人互動，並且在他人想法的基礎上建構自己的觀點；其他36個班級，學生只有自己思考學習，或者只是與教師做

教學交流。透過些微的改變，這些自我中心式的班級，可以演變為概念中心的班級，無論最剛開始的問題是自己或其他人提出的，學生都能彼此討論概念與想法。

　　一個快速檢核你的班級是否為自我中心式的方法，是觀察學生有多常不假思索地便提出與他人相同的想法，或者你可以去聆聽並判斷他們有多常提出相同或類似的問題。當班級變得更為概念中心時，學生會開始擴展他們的知識，從其他同學身上建構概念、想法與問題。

　　英語課可能從分析某作家的句子開始，學生分組去改進這個句子，然後全班一起來產生一系列寫得更好的佳句。在數學上，假如學生不認同某一個答案，他們可以嘗試想出每個不同的解答是怎樣算出來的。這樣的活動要求學生查看所有可能的答案，並嘗試找出錯誤可能發生在何處。一旦學生可以這樣做，他們將更有可能有信心地提出正確答案。在這個例子裡，學生思考各種不同的可能答案之後，教師才指出哪一個答案是正確的。當學生對於他們的答案有更多的主導權時，他們會變得比較不依賴老師，轉而依賴自己與同儕。這特徵說明他們成為了終身學習者，而不是到學校只知玩樂的學生。

你可以開始做些什麼改變，讓你的班級更趨向概念中心？你要如何逐步讓這成為學習常態的一部分？

▶▶▶ 行動：增加目的性與關聯性

在教物理課的第一年，向學生示範解題時，我很自豪能順暢地導出需要的方程式。然而這樣的自尊，在幾個星期後便消失了。一個很聰明的學生到課堂並問我：「今天你又要在黑板上丟義大利麵條了嗎？」他的說法讓我感到有點困惑，我請他進一步說明，他解釋說，當我在講解物理題目時，解答結果經常像是一碗義大利麵散亂地丟在黑板上。我謙遜地開始重新思考我的教學，並了解到有效的教學並不在於展現我多有知識，而是要激發學生獲得個人性與有目的性的學習經驗。

我在先前提出一個觀點，任何時間我們若能將一個課程、問題或者是話題，與音樂、運動，或是學生感興趣的其他事項相連結，學習可以變得較為個人化。這並不是要我們在言談中插入青少年的流行俚語，嘗試變得很「酷」，好讓我們像是他們同一夥的。學生需要的是角色典範，而不是多一個夥伴。然而，當我們對他們所屬世界展現出興趣，他們很快地會轉而更加適應我們的課堂及目標。這有時很容易做到，例如只要把數學題目中的主角使用學生的名字，或在讀書會討論時提及流行樂團及歌曲，便足夠了。

激發情感是吸引學生注意力的另一個手段。從你過去的經驗中，回想那些最為生動活潑的課程與經驗，其中都可能帶著重要的情感面。此外，想想你上回所購買的重要東西——情感可能扮演著一定的角色。行銷公司花費數百萬美元，讓我們對他們的公司或產品產生正向的情感連結。Robert Plutchik（2001）發展出一個情緒輪圈，用以辨識與分類24種情緒，範圍從喜悅、信任到憤怒、無聊。當然要記得，即使是恐懼這

樣的情緒也有助於事物的記憶，但我們的目標是為學生建立**正向**情感的連結（當我還是學生的時候，對九年級幾何學的課程充滿恐懼，老師要我們站起來背誦定理與公理，無法記住的人會覺得很尷尬難堪），我們想要環繞著諸如信任、興趣與好奇等情感，發展出正向文化，來挑戰與吸引學習者。

訣竅6將更聚焦在好奇、創意及激起興趣上，但將外面世界的音樂帶入英文課程、全球化挑戰融入經濟學課程，或者將實際數據導入數學與自然科學課程，即足以使學習具有目的性與關聯性。若課堂是用例如：「你能預測明天的天氣嗎？」的問題開場，而不是用例如：「你必須能解釋天氣圖上所找到的符號。」的目標陳述來開場，你會不會更被吸引？你是否會比較偏好寫封私人信件給喜愛的作者、音樂家或其他人士，而不是死記硬背寫信的步驟？

在每一種情況下，目標是相同的，但是激發學習的因素完全不同。學生不用知道所有的內容知識或者具備所有必要的技能，他們也能預測明天的天氣，以及起草一封信。事實上，他們將很快地發現並開始去詢問更多的細節、資訊與資源，以幫助他們完成其目標。想像一下這樣的場景──在教室中，學生請求你提供與他們**想**知道的事物有關的資訊及細節。

> ⑦ 你如何能更加吸引學生的情感？列出各種不同的方法，在未來幾週，你可以用來將課程與學生生活經驗連結起來。你要如何嘗試去連結班上那些最具挑戰性與最不投入學習的學生？

▶▶▶行動：藉由要求學生解釋、說理與證明來提高期望

問題如何規劃設計，決定了答案是低層次的還是高層次的、是膚淺的還是有深度的，以及是事實性的還是細緻微妙的。像是「為什麼你那樣想？」「你是如何知道的？」以及「我們要如何估算出來？」等問題，便是如何鼓勵深入思考及挑戰學生的良好示範。相反的，常見的問題像是：「大家都明白了嗎？」以及「你們還有什麼問題？」並不能夠引出我們所希望的結果。後者的這些例子比較像過渡性的問題，而不是能促進豐厚、深思學習的問題。提問「你們還有什麼問題？」通常只會讓準備好要發問的學生提出問題。

思考如何修正模糊不清及過渡性的問題，以產出更具後設認知（要求學生省思他們的想法）的回答。舉例來說，將「你們都明白了嗎？」改成「把你最困惑的地方或步驟，告訴你身邊的同學或是寫在日記中。」這樣的改變，除了促進學生後設認知外，也能有助於縮小成績差距。模糊與概括式的問題，諸如「你們都明白了嗎？」，通常只有學業成就較高的孩子會有反應，跟不上的孩子不知道該如何問起，也無法自在地提問。讓所有學生專注在具挑戰性的地方，可幫助很多低成就的

孩子發展出他們所欠缺的學習能力。

> **?** 最近什麼時候，你藉由讓學生解釋及證明來挑戰學生，讓他們對學習有較爲深入的思考？你要如何能夠使這樣的挑戰成爲教學上會固定實施的一部分？你要如何讓你的學生對此有更多的期待？

訣竅六
建構具有創意與問題解決的文化

　　好奇心是人類對求知探究的無限渴望，而且萌發甚早。不幸的是，對於多數學生而言，當他們透過學校教育而尋求進展時，這樣的欲望卻被澆熄了。或許是因為我們的學校經常是獎勵學生獲知事實，而不是鼓勵他們提出問題，尋求解決方案。經由高風險測驗的推波助瀾，學校遂由充滿挑戰好奇之地，搖身變成倡導簡單思考和記憶瑣碎事實之處。達文西、愛迪生、愛因斯坦，以及菲羅‧方斯沃（Philo Farnsworth），明確地提供我們好奇探究思考者的代表。他們藉由科學、工程，以及有些情況下是和藝術的整合，來促進他們的思考和提問能力。（順便一提，你們難道不會對菲羅‧方斯沃是何許人也，至少有些好奇嗎？）

　　創意思考跨越學習的每個領域以及生涯的各種路徑，從建築到精緻藝術，從經濟到企業家主義，都是如此。而作為教師或導師的我們，在引導和鼓勵學生具備好奇心和創造力的過程中，扮演什麼樣的角色呢？我們可以做很多事，但是一個關鍵的起始點是，讓教學和學習的活動像是一道待解的難題或謎團，而不是淪為記憶事實或只是重述小考和測驗內容。除了訣竅4所討論有關挑戰性經驗和高度期望外，教師有必要在一方面建構鼓勵好奇心和創意的學習環境，以及另一方面能同時確保學

生習得重要事實、核心內容和關鍵概念兩者之間，尋求平衡。

　　一般而言，好奇心是對訊息落差的一種回應。當我們所知和所欲知兩者間存有鴻溝，就會提高我們的好奇心。當鴻溝過於狹小時，解決方案看起來似乎不起眼，好奇心很容易消退；不過，當鴻溝過於巨大時，好奇心也有可能消散，因為所需的解決方案超過我們現有的能力。就此來看，好奇心是與維果茨基的近側發展區（1978）相連結，所以最高的創意展現是出現在知識鴻溝能契合我們適當的能力信心水準，而不是過高的水平——一種「恰到剛好」的水準。教師的目標因而就是協助每位學生找到最佳的發展區。

　　我們知道學校的教育評量主要是以學生的認知和智慧能力為主，但是這些能力僅能部分說明學生未來的成功。舉例來說，當我們談到個人的未來成就，謹慎勤勉和好奇探究的人格特質就像抽象思考和一般認知能力一樣，都只能解釋部分（Leslie, 2014）。最終，教師所扮演的最重要角色之一，似乎就是在學生探究假設性問題的過程中，做好示範並引導學生的好奇心以激發學生的學習動機。當然，事實性的知識仍然具有重要性。但是，教師為提高學生好奇心和創意所營造的教室環境，讓事實性的知識成為達成目標的手段之一，而它本身並不是目標。

　　訣竅6主要聚焦在兩個問題：(1)教師如何強化和鼓勵一種創意性和探究性的學習環境（**創意性的文化**）；以及(2)教師如何安排鼓勵創意和問題解決的學習經驗（**問題解決的環境**）？

創意性的文化

　　我們要具有創意性、想像性和創新性，就必須願意冒險。然而，冒險常常是要面對恐懼——對於未知的失敗和焦慮所帶來的恐懼。

　　我一直身陷在如何依每個班級的特性來引導學生的困擾中。舉例而言，1990年代我在一所高中所任教班級的化學課，該班所具有的獨特性，當時讓我倍感挫折。但是，一直到多年後，我才了解箇中原由——其實並不是我所預期的那樣。學生的行為表現良好，並不是盛氣凌人或桀驁不馴，要求他們的時候，都能把工作做好。不過，他們絲毫都沒有一點冒險的意願。結果這個班級平靜安穩，沒有發生任何事情，但也沒有任何觸動之事。這些學生做事力求安穩，無論如何都不會激發出活力或好奇。他們來到班級，完成指派的作業。不過，創意、提問或創新則完全沒有。他們所表現出來的是對於生活周遭的一切，漠不關心，毫無探究的欲望。對他們來說，教育似乎窄化為完成作業、獲得好成績，以及進入一所好的大學，除此之外，別無意義。

↻ 訣竅6
建構具有創意與問題解決的文化

評分	1（待成長）	3（熟練）	5（典範）
創意性的文化（6a）	強化具有創意和探究的學習環境		
	學生被期待以先前呈現知識的方式來回應。	表現思維和概念的創意形式受到鼓勵，教師示範創意性做法。	學生被期待能運用創新方式來進行溝通、分享、呈現及／或討論看法，同時因此而受到讚賞。

	學生的好奇心和提問力受制於教師的行動。	文化持續並鼓勵學生的好奇心和提問力。	好奇心和提問力普遍出現於課程的多個面向。
問題解決的環境（6b）	提供鼓勵創意和問題解決的學習經驗		
	沒有機會探究開放性的問題，學生只是模仿老師。	教師建構可供學生探究的開放性問題並尋求解決方案。	除左列熟練條件之外，學生在面對複雜及／或需要多個步驟完成的開放性問題時，其尋求解決方案的過程是相當自我導向的。
	課程聚焦在單一觀點／解決方案，未允許或鼓勵學生運用創意。	教師所呈現的課程能提供學生考量多元觀點並思考變通性的方案／解釋。	學生無需教師的督促就能主動考量多元觀點，並提出變通性的方案／解釋。
	每件事物在學生探究／提問／觀察之前，就已經被定義或告知。演算規則、定義或解釋都先於經驗；或是沒有進行任何的探究。	教師在正式解說之前，會協助學生先就主要的概念或觀點進行探究。	除左列熟練條件之外，學生在設計規劃探究活動時，會扮演主動的角色。

來源：©2015 J. C. Marshall, D. M. Alston, & J. B. Smart. 版權所有。經同意後使用。

　　當我回想這群學生時，我一直想要了解多數學生平時生活都做些什麼事，是否仍是以安全穩健為前提。對我來說，當我們挺進未知且無法預測的領域，而我們所做的事情，過去也都未曾試過，這讓生活變得有趣多了。那些選擇成為編舞者、風險資本家、家庭主夫、律師或科學研究等領域的專精者，都是願意提出問題，發問「那會怎麼樣？」，或是

想想事情可以如何改變或變得更好——這些都是需要創意、堅持，同時願意面對恐懼和焦慮。

我常常告訴我的學生，教室是可以接受失敗的安全地方。此外，我也告訴學生，在你們學習和成長的歷程中，一定要勇於嘗試。試驗的過程，我要他們能成功通過考驗，不要搞砸了。但有時候，他們可能會在開始努力成長的過程中卡住。如果每一天都潛存懲罰的風險性，所做的每件事情，不是被評為正確，就是錯誤，那麼學生就沒有意願去進行冒險嘗試——除非一開始，學生就對於評量的成績無所謂。或許長期以來，我們的做法值得商榷，與其學習的過程中戰戰兢兢，避免犯錯，或許我們可以公開讚揚犯錯，因為有時候，學習是從錯誤中成長，如果我們願意在這個過程中，辨認錯誤並謀求改進。你近來最棒的犯錯經驗是什麼呢？

 你如何鼓勵學生進行創意性的思考？

激發好奇並鼓勵提問是近來較新的教育標準，舉例來說，英語語言藝術的各州共同核心課程綱要（Common Core State Standards）要求學生能夠統整、推論，並且產生連結。數學領域則是要求學生可以解釋、延伸，以及比較。而在科學領域，學生則必須能夠示範、創新，以及設計。如果這些標準都可以落實，那麼學生一定會具有創新和好奇的特性。在此過程中，創造思考技巧可以提高學生對課程內容的精熟度（Beghetto & Kaufman, 2010）。

同樣地，大學委員會（College Board）所規劃的大學先修課程與測驗，其所包含的36門課程也開始進行調整。主要的改變是聚焦在較少的主題，並且強調創意性的思考、深入性的思考，而非記憶背誦。

針對這些標準或表現期望所進行的調整或改變，都不是要摒除內容知識。相反地，這些改變代表的是一種轉向，將原先主要聚焦或集中在學習「**什麼**」（what）的做法，現在需要將所學到的「**什麼**」之內容，與「**如何**」（how）、「**為什麼**」（why）相互整合。

> **？** 在你的班級中，具有好奇探究和提問的文化，會呈現怎樣的風貌？你需要採取哪些做法來進行改善？

問題解決的環境

一般在典型數學課中所提出的問題和難題，會與那些熟悉本書成功訣竅做法的數學課所呈現的方式，有哪些不同？在一般的數學課裡，教師通常會進行演算技巧的講解，示範幾個類似的問題，然後給予學生一些時間練習剛剛講解和示範過的題目。而那些熟悉成功訣竅做法的數學課，其所提供的問題，就如下述，會與該領域的概念有關。

哪一種選擇較划算——(1)花10美元買14吋的比薩；還是(2)花10美元買2個10吋的比薩？如果你從不吃比薩外緣

的脆皮（比薩外緣的脆皮大約1吋），你的選擇還是一樣嗎？請加以說明。

清楚了解之後，學生還需要練習與該領域有關的其他問題，但主要的重點是，所呈現的問題絕不僅是進行計算而已，他們必須要同時與其他選項進行比較，清楚說明爲什麼其選擇較具價值。在另外一個範例中，熟悉成功訣竅做法的教師可能提供學生一項地板計畫，針對不同大小的房間，要求學生不但要計算所需地毯的大小，而且如果捲起來販售的地毯寬度是8呎，請學生進行練習，如何在考量地毯的縫合的情形下，也能夠將整體的費用降到最低。

我們經常認爲問題解決僅是單純的數學計算，殊不知所有領域的問題解決，都會用到數學計算。想想看作家、歷史學家、科學家，以及其他領域的專家。作家可能需要在250字的範疇內，決定如何提出具說服力的論證；歷史學家可能需要分析那些在歷史上功成名就的偉人，如何崛起，獲得權力，以及隨之而來的功績。科學家需要了解美國國家環境保護署（Environmental Protection Agency, EPA）有關飲用水的使用標準，對人類健康有危害的化學物質，必須將其稀釋至百萬分之一，才能安全飲用。也因此，若有55加侖有害的化學物質流入湖中，則會清楚了解加入多少加侖的水來稀釋，才能讓人飲用。

 你即將教導的課程內容，要如何設計，以提供機會來讓學生學習解決複雜且具開放性的問題？

　　真實世界的問題經常會涉及多元的觀點，同時也存有各種不同的解決方式。當一位學生或家長告知我某一事件時，我學會盡可能地廣泛蒐集相關人士的看法和資料。毫無諱言的，所有說法都包含某些事實，但每一個人的看法都有某些程度的主觀性。舉例來說，如果一位學生掉頭離開某人，可能就有幾種不同的推論：(1)這個學生的心情煩亂，不想理人，所以才會掉頭走人；(2)這個學生聽到有人喊他的名字，想看看是誰在叫他；(3)這個學生突然想起自己的家庭作業放在前一節上課的教室，他想回去教室拿。雖然對於這位學生的行為，可能有更佳的解讀方式，但對此行為觀察所提出的不同反應和知覺，亦屬合理。另一位學生可能感覺：(1)不被尊重；(2)了解對方可能是因為某人而分散注意力；或(3)在了解對方需要儘快拿到東西後，可以理解其行為反應。實際的情形是我們常常無法取得完整的訊息，讓我們很難能正確地評估現況。

　　學習也是如此，舉例來說，歷史事件的呈現常常是從男性、移民者、領導者或教師的觀點出發，而沒有考量多元的觀點——諸如商賈、原住民、奴隸、女性——以致喪失了多元觀點詮釋的權力。僅從單一觀點來研究歷史事件，可能減損了此一歷史事件本身所具有的豐富性，同時更可能陷入資料不正確或潛在誤導的可能性。有鑒於此，讓學生能從多元觀點來進行學習，更顯重要。在科學領域，科學家可能經由多次的假設驗證來確保研究結果的可信性和正確性，並且以此來擴大試驗，看看是否能將結果類推到其他情境。在文學領域，文學家可以依文學作品的不同詮釋觀點來進行探究；在論說文的寫作方面，學生可以練習從不同的觀點來撰寫一段內容。在每一種領域中，學習就像拼圖一樣，由許多的圖片拼成，每一片都有助於整塊拼圖的完成。

? 在本週的課程中，你的學生什麼時候可以有機會練習多元觀點或應用變通性解決方案？

　　教師擁有許多可以運用的工具和策略，這些教材資源的範疇從教師中心到學生中心。如果是想要改善學生的學習動機和參與度，那麼學生中心的學習方式應該是較佳的選擇。多數學生中心取向的學習核心是教師在進行正式講解或推論演算前，要讓學生能依據教材進行探究並深入檢視。不管你的教學設計是以探究、專題或問題為中心，這樣的做法都是適用的，毋庸置疑。

　　在此需事先聲明，要從教師即講述者改變為教師即輔助者，這樣的轉變需要教室文化的變革──而不僅僅是教學取向的改變。教師要從鉅細靡遺告知學生的教學習性，改變為向學生提問思考的教法，可能會碰到許多挫折、抗拒，甚至動怒。怎麼不會如此？因為你未與學生溝通分享新的規範，就逕自改變。許多資源都可以讓教師運用，幫助老師（以及學生）轉型為參與較多且以探究為中心的班級教學活動（例如Marshall, 2013）。

　　成功有效而以探究為中心的教學有兩個要素，第一個要素是改變目前多數課程和活動實施的典範：教師在介紹、說明或正式講解概念之前，可以先讓學生有實際操作和探究體驗的機會，取代教師直接講述並隨即確認的方式。第二個要素是重新思考班級經營，教師鼓勵而不是抑制學生在課堂的討論、提問及探究。雖然教師選擇以探究為中心和學生為中心的教學方式，並不是一件容易的事，但是如果能夠精熟

地使用，可能會發揮很大的功效。為了支持這樣的看法，史丹佛大學的Paulo Blikstein指出以實驗組和控制組所進行的研究發現，若學生可以在教師講述教材或播放影片前，先行探究，學生的學習成效可以提高25%（Dreifus, 2013）。此外，相較於一般的教學方法，成功有效以探究為中心的教學方式證實可以提高學生學習的精熟度，這樣的研究發現在不同團體的研究中（基於性別、種族、能力），都有同樣的結果（Marshall & Alston, 2014）。

 教師要如何翻轉一般的教學流程，讓學生在你正式講解之前，可以探究所欲學習的概念？

訣竅6的行動

為了指引你的討論、自我反思和接下來的步驟，針對訣竅6的核心概念：**創意性的文化**和**問題解決的環境**，請考慮以下行動：

▶▶▶行動：以「沙漏式」的方式進行學習以促進學生的創意性思考

不管學科的內容是牛頓的運動定律、第二次世界大戰、論說文寫作，還是勾股定理，老師一開始都會先進行說明，然後讓學生有時間可

以練習應用這些概念。我們可以想想，在此情形下，小孩或大人是否會抱著好奇和興奮的心情來到課堂，迫不及待想要學習有絲分裂（細胞分裂），記住有絲分裂的步驟，然後專注看著有關不同階段有絲分裂的投影片？真的會因此而產生興趣的可能性，事實上是相當渺小的。相反地，無論是在學校或生活中，我們會因為所接收的訊息、故事、矛盾或其他要素，讓我們想要多了解，從而引發我們的興致。學習單一的受精卵（精子和卵子）如何轉變為一個複雜的人體，這樣的學習應該是相當吸引人的，同時也應該會產生各式各樣的問題，此過程絕對不會像是在真空中學習和記憶一連串的專門用語，而與學習者的生活脈絡脫離。

廣播名人Paul Harvey在2009年去世前，我想起他有個節目「故事花絮」，頗吸引人。他一開始會介紹故事名人、事件或事物的背景資料，雖然我們可以依循這些訊息，解開此神祕面紗，猜出故事中的名人、事件或事物，但是整個過程，Harvey絕不透露相關訊息，直到節目最後才揭曉。他說故事的方式像是沙漏般，開始的時候提供許多的細節內容，以及背景資料，然後一路朝沙漏口前進，縮小口徑，直到抵達最後窄小通道的開口。

這就是神秘情節引人入勝的地方，也是科學可以著力的地方，同時也是有效且讓學生高度參與學習可以發揮效用的方式。無論如何，如果創意和創新是你的教學目標，那就不要停止發現法則的運用、故事情節的掌握或是歷史事件的了解。不僅如此，教師應該更進一步，提出像是「那會怎麼樣？」「現在又是如何？」或者「我們現在能做些什麼？」之類的問題。果真如此，學習就會像是一個沙漏，教師協助學生將學習思考聚焦並導引為清楚明確的結論、精煉的概念或具體的看法。爾後，

再藉由要求他們採取可能的作為來應用、概述或改善這些思考成果，以延伸他們的理解。

> **?** 當你提出歷史事件或要學生認識生活周遭的世界時，你會講述哪樣的故事來促進學生投入學習？你上課初始會如何呈現學生要學習的內容，讓學生一開始就清楚了解學習的目的和價值，而不是等到上完課或有足夠的時間，才告知同學？

▶▶▶ 行動：規劃「聯邦快遞日」以鼓勵學生的好奇心和創意

一種鼓勵學生以創意方式進行思考與行事的方法是規劃「聯邦快遞日」。當你給予學生時間思考、閱讀，或實驗他們感到好奇的事物，同時讓他們分享在此探究過程中所發現的內容。這項做法來自於一家澳洲軟體公司的共同創辦人Mike Cannon-Brookes，並成為Daniel Pink《動機》（*Drive*）一書中的專題介紹。Cannon-Brookes公司的員工都有24小時可以從事任何他們個人感興趣的專案，而隔天即能傳達成果。在教室的環境脈絡下，學生剛開始可能會因為可以自主公開地探究他們的想法而頗感掙扎，但這是一個機會，可以透過創意行為的追求而激勵且促使他們投入學習。教師在班級教學剛開始的五分鐘，可以協助學生利用腦力激盪的方式，找到可能探究的問題，然後讓他們自由馳騁。目標就是要採取非處方式的做法，創造可以讓學生追尋、測試、探究及發現的機

會。或許剛開始的階段，你可以一學期設計一天的「聯邦快遞日」。之後再隨著時間的推移，而增加其實施的頻率。

心理學家Ellis Paul Torrance（1987）所發展的創造思考測驗，係以五個層面來計算得分。內容包括獨創性和精密性（其餘部分是流暢性、標題力、開放性）。當你希望協助學生成為敏銳、靈活的思考者，你會發現獨創性是一項極大的挑戰，一直要到學生習得較多的字彙、內容知識，並且擴大相關的技能。國際知名的第三方支付平臺PayPal公司的共同創辦人Peter Thiel可能會同意，要培養真正的獨創性確實具有挑戰性，在他所寫的《從0到1》（*From Zero to One*）一書中，主張真正的創新是創造一個單一獨特的事物——「0到1」。然而，今天許多的創新僅是事物的改造或是先前既有概念的提升——「1到n」。而改善寫作技巧、形成結論、分析資料或將歷史事實進行分類，則有助於增進學生的精密性。教師想要培養學生的創造力，那就不能僅是要求學生在既定範疇內回應預期的答案——特別是當回應的內容只需要一個字彙或單一正確的解決方法。

> ❓ 你班級的學生在什麼時候、什麼地點，能有機會展現他們的創意？如果你有規劃「聯邦快遞日」，你會如何示範，讓學生了解創意的展現？記得，假使你要求學生要勇於嘗試，那麼當他們看到老師確實如此，就會有較高的信任度。

▶▶▶行動：重新認識並嘉許冒險以鼓勵開放的學習

什麼？要重新認識並嘉許**冒險**行為？我們才不想讓我們的學生貿然地進行冒險，然而，這裡所強調的重點是鼓勵學生在面對挑戰性問題、複雜事件或讓人產生好奇的情境時，要能從單純模仿教師行為，轉變成可以獨自思考、行動和回應。

先前我所提到將真實世界的議題帶到教室中的看法，也和此處的觀點有關。要讓學生可以就開放式的問題深入探討，尋求解決方案，教師可以將重要的全球性或社區性議題與學生的學科知識相連結，讓他們思考可能的處理方式。諸如乾淨用水的取得；面對人口增加，如何追求永續的發展；如何確保人人有受教育的機會；如何縮短貧富差距。千禧年計畫（Millennium Project, http://www.millennium-project.org）提供了許多重要的情境可以協助教師開啟與學生的對話，同時也能應用在不同的班級。在英文的語言藝術課，學生可以發展論文寫作的能力來支持他們的研究觀點；在社會科學課，學生可以探究過去和現在的社會，如何討論相關的議題──同樣地，未來的社會又是如何探討；在數學課，學生可以解決複雜的問題為對象，觀察分析趨勢、指數型成長（或下降），以及財政支出。

對初學者來說，如果處理全球性挑戰的難度太高，也可以思考以下的做法，告訴學生：「明天課堂的作業是準備一個與我們目前所學習的單元有關或你深感好奇的問題。」此種做法是將學習與學生的興趣相連結，也讓學生的經驗更有相關性。雖然學生剛開始可能覺得作業頗具挑戰性，但隨著看到來自其他同學所提出的範例，自己也會了解，作業並不難。

> **?** 你如何讓學生把與所學內容相關的眞實世界問題帶至課堂中？你如何幫助學生把他們的經驗和生活世界做更緊密的連結？當你欲將學生的學習內容和眞實世界連結卻產生困難時，你可以尋求或徵詢哪些資源？

▶▶▶ 行動：提供多元的觀點

當我們提供情境事例、個案研究，以及問題中心或專題中心的學習經驗，是爲學生提供多元觀點或問題解決的學習機會。如果學習就僅是陳述事實（2乘以2是4；美國有50個州，凡此問題以填充題作答），那所謂多元觀點或問題解決的做法就沒有必要或不可能落實。無論如何，在學校或生活中，許多有意義性的問題或經驗，並不必然採取絕對的觀點，也不僅是以Google搜尋就可以了。舉例來說，在科學課堂中的研究辯論，可以帶來諸多的解決方案，並需要爲自己的觀點辯護。

好的團體專題會包括個案研究或需要平衡的優質問題——換言之，執行專案的過程中，需要許多學生貢獻心力，合作完成，而不是任何單一學生可以竟其功。在優良的合作性專題中，學生應該可以了解，大家一起共構的概念總是會超越個人的看法。

> ？ 你如何將具有多元解決路徑的複雜問題融入你的課程，並重新論述？你如何確保，當學生參與以專題為中心、問題為中心或探究為中心的學習活動時，他們所學的內容仍然具有嚴謹性？

▶▶▶行動：教師在講解說明並且最後總結關鍵要點之前，要能讓學生多探究、多思考

如果你像多數教師一樣，那你的教學方式很有可能──數十年來盛行的教學規範──已經過時落伍了。這種教學方式是由教師先講述，然後要求學生重述所學的新知識或練習應用。你向學生介紹光合作用、西班牙和美國的戰爭、介詞片語或是比例推理，然後你要求學生在一個句子或一系列的問題中，應用這些知識。

雖然這樣的教學方式，在過去可能具有成效，也符合當時的教育目標，但是對於現今學習者所期待的新要求，卻無能為力（尤有甚者，此教學方式真是平淡無趣）。現在的教育標準是要求學生分析想法、觀察複雜現象，並且提出以證據為本的論述。當你提供正式的解說前，學生需要先探究相關的概念。

這樣的教學轉變需要教師重新思考他們如何教，以及教學的目的為何。目前的教學方式是先介紹課程內容的重點，再談論次要細節，但這對於文學作品的掌握，並沒有太大的幫助，同時對於需要學生深入思考所進行的紮實教學而言，也無法發揮作用。在提供解決方案前，讓學生

有機會去思索問題，這可以產生較佳的學習成效。明確而言，教師講解內容之前，先要求學生進行探究，可以引起學生的學習需求，激發學生的創意，並促使學生更深入思考。

> ❓ 你最近三次在課堂講解主要概念前，提供給學生探究機會的內容為何？你如何習慣性地使用當前規範的教學方式，而不是偶發例外地運用此教學方式？如果你經常性地使用，你要如何深化學生的探究？如何進行典範移轉，讓探究活動優先於講解活動？

訣竅七
提供能引導和提示教與學的檢視、評量和回饋

　　或許在教育領域中給予教師、教育領導者和學生較大壓力的地方，莫過於有關高風險評量和教師評鑑的議題。我們投注許多的時間準備和管理高風險測驗。現今許多州教師表現的評鑑是依據學生在重要評量成績的良窳來決定。學校和地區被認定是優質，抑或是無法生存，取決於這些評量結果的優劣。本書並無意去支持或反對當前任何州政府或聯邦政府的規定，反而是想要協助教師和教育領導者去改善現今在學校班級的教學現況，特別是當未來不實施高風險測驗時。明確地說，主要的總結性評量，包括州的測驗，並沒有明顯改善教與學。他們的觀點是提供固定制式的、即時的評量，以了解學生的學習表現以及依據那一套可評量目標所達到的精熟程度——並未傳達今日和未來教育活動中的教與學。

　　類似於全球手機定位的App，評量與學習的連結主要包括三個要素：(1)起點行為；(2)最佳路徑（有時候提供選項並選定路徑）；以及(3)最終的目的地。明確而言，診斷性評量協助確認學習者的起點行為，包括學習者先前的知能以及所抱持的迷思概念。形成性評量則在學習歷程中協助傳達並引導方向。最後，總結性評量讓我們了解達到終點

目標的成功程度。雖然總結性評量具有傳達性（讓我們清楚接下來一年的教學規劃），但是他們的目標是確認哪些已發生，哪些尚未發生。一旦學生接受總結性評量，那他們的學習就已經完成，教育的焦點即轉移至評量的分數或等第，而不是學習。

欲大幅度地影響學習，應該把重點聚焦在每天教學活動上會運用到的診斷性和形成性評量。如果我們可以確保全年能夠實施紮實的教學與學習活動，並且輔以連續的診斷性和形成性評量，那總結性的表現（和測驗）就能確實關照到學生的學習。或許如果我們將焦點轉向形成性的學習評量，而不是總結性的學習評量，而在耗費那麼多精力於檢視和教導最後測驗上的努力，不會感受到那麼大的壓力，同時可以將焦點集中在真正的學習活動上。

我總是會對於教師們經常驚訝學生的表現而感到不可思議——學生的表現不佳——總結性測驗的結果。總結性測驗應該可以明確掌握，而不是像抽籤，無法預期結果。教師表示驚訝常常反映出兩種可能的現象，如果不是老師在學生學習的過程中，沒有提供充分的形成性評量來掌握學生知道些什麼，以及能做些什麼，那就是測驗並沒有呈現學生所學到的內容。有時候學生在學習的過程中，會以不同的形式來展現他們所經驗到的技巧和知識（例如：運用不同的字彙），而不是出現在真正測驗上所要求的形式。會發生這樣的狀況，可能是教師自己設計課程，但卻採用出版商提供的測驗；也可能是學生做了一項實驗，卻施以傳統的測驗，教師並沒有提供鷹架，以另一種形式呈現他們所學到的知識；又或者是當初的教學偏重在低階的思考形式（記憶、定義、條列），而後來卻主要以高階的思考形式來測驗學生（比較、對應、示範、分

析）。這裡所提到的每一種經驗，就像教練每週訓練球員練習**籃球**技巧一樣（每天的教學活動），然後卻派他們去參加**排球**比賽（總結性測驗）。他們接受測驗前，並沒有學到所需的技能，也沒有精熟核心必要的技巧。

Hattie（2009）檢視超過800篇的後設研究，指出兩項教學活動若能有效地實施，一再顯示出其對於學生的學習成就有深遠的影響：(1)提供學生具體且有意義的回饋；(2)經常將形成性的評量融入每天的教學活動。表面上看來，這些發現好像是我們需要更多的評量。然而，看看近來適用於學生的所有標準化測驗之數據顯示，情況並非如此。無論如何，若教師可以適當地給予學生回饋，搭建鷹架，幫助學習，同時可以用形成性的評量來引導教與學，那我們就能改善教學，並且提高學生的學習成效。

一種無法協助教學活動卻逐漸受到普遍採用的趨勢是容許學生接受重測──這樣的努力，常會占用學生在上課前、上課中及離校後的許多時間。多次或大規模的重測似乎忽略了一個關鍵性的問題──學生一開始並未準備好接受教師所欲實施的測驗／小考／總結性評量，所以重測僅是蒙蔽了一個更大的問題。

讓我們誠實面對，即使最好的測驗也不是完美的。評量很難做好，所以提供多樣且持續性地重新評估現行的評量方式，顯得格外重要。在我任教的第一年，我堅信學生都能學好他們所學的內容。一位習得89.2%內容的學生得到B等第（90%以上則列為A等第）。畢竟，學生有其他額外的機會可以再拿到一些分數。無論如何，隨著經驗的累積，我了解我班級所實施的評量其精確和鬆散之處──以及一般的評量，在

評量班級達成目標程度的做法上，我了解即使最佳的評量，其精確性也不會超過上下1%（或甚至更少）。此種困窘，讓我重新思索，學生如何在班級中拿到分數以及給予額外的加分。尤有甚者，我更了解，任何重要的標準化測驗，例如：「美國大學入學考試」（American College Test，簡稱ACT）、「學術性向測驗」（Scholastic Aptitude Test，簡稱SAT）、「全國教育進展評量測驗」（National Assessment of Educational Progress，簡稱NAEP）等，其測驗題項的改變，包括題項的撰寫、預試以至適合採用，通常需要兩年的時間。雖然我們可能無法十分肯定地說，一位學生對於所學內容是否精熟或了解，但是需要兩年的時間來進一步確認，這未免又太過頭了。

訣竅7主要聚焦在兩個主要的問題：(1)你的評量可以發揮多高的效用，並且支持學生的學習（**回饋引導學習**）；(2)有關學生朝向課程目標／單元目標的進步情形，形成性評量提供了哪些內容（**形成性評量**）？

回饋引導學習

教學活動中實施評量並提供回饋，就像是定期檢視樂高積木結構的進展一樣。

❶ 訣竅7
提供能引導和提示教與學的檢視、評量和回饋

評分	1（待成長）	3（熟練）	5（典範）
回饋引導學習（7a）	提供回饋來引導並支持學生的學習		
	教師缺乏回饋或回饋內容不夠具體且模糊不清。	教師經常提供具體和焦點回饋。	教師（情況合宜時，學生）一致性地提供焦點回饋且直接與目標連結。
	教師回饋相當少或沒有回饋。唯有修正式回饋（對或錯），才會提出來。	教師經常提供回饋，搭起鷹架，協助學生學習。	除左列熟練條件之外，回饋來得即時──當多數需要回饋，教師即適時提供。
形成性評量（7b）	依據形成性評量的資料來調整教學		
	形成性評量並不明顯，除非是對於個別學生所提出的理解性問題。	所有在課堂中學習的學生會接受許多的形成性評量，同時利用所獲得的資料來引導教學決定。	除左列熟練條件之外，依形成性評量的資料，對於學生實施差異化教學。學生例行地進行自我評量以監控自己的學習。
	先前的知識並不進行評量。	先前的知識在教學之初進行評量，以確認學生所擁有的先備能力和相關的迷思概念。	先前知識／迷思概念明確地呈現並清楚地應用於說明和引導教學。
	沒有課程的報告／總結。	課程的概述／總結明確地呈現。教師從部分學生身上蒐集資料，以引導下一個階段的教學步驟。	除左列熟練條件之外，資料的蒐集來自全體學生，以追蹤學生理解的程度。

來源：©2015 J. C. Marshall, D. M. Alston, & J. B. Smart. 版權所有。經同意後使用。

· 提供鷹架，包括了解如何組合知識——哪些部分可以運用。

· 形成性評量，持續重新評估發展中的結構，以確保目標可以達成。

· 對於任何錯置或贅餘之事物概念，或是當目標未能達成時，回饋可以提供引導和協助。

· 概述／總結幫助我們可以掌握所有事項，如同一個實體——我們所看到的是一個完整的結構，而不僅是個別的片段。

　　我們所提供的回饋必須要與其他的訣竅連結，例如訣竅5（激發互動、重思考的學習）。我們如何進行提問並且引導互動，以及我們如何營造教室文化是相當重要的，因為這會影響學生如何接受和回應教師給予的回饋。如果學生不尊重給予回饋的人，那可能會對學習帶來傷害，並且沒有任何幫助。為了改善回饋的有效性和實用性，必須具有下列的特質（Sadler, 2008; Shute, 2008）：

· 具體（詳述什麼、如何或為什麼，而不是只有指出正確答案）。

· 清晰（簡單、可以理解，以及詳述優點和弱點隱藏之處）。

· 可管理的（避免因給予太多資訊而造成認知超載）。

· 及時（盡可能在試驗過解決方案或任務後）。

· 受重視的（尊重的文化是鼓勵能接受來自同儕和教師的回饋）。

除此之外，回饋需要能促進自我導向或後設認知——幫助學生理解他們

所知道的內容、不知道的內容，以及他們如何從目前的能力向上進步提升。如果我們所提的問題都是膚淺的或是低層次的，那麼有意義性的回饋就很少會出現，因爲我們的回饋被限定在確認或駁斥正確性（是、不是、很好）。

你和你的學生可以提供有意義性的回饋，藉以改善所有學生的書寫和口語表達能力，這是非常重要的一件事。回饋應該要能延伸或擴大，而不僅侷限於陳述性的說明。來自教師和同儕的有效問題，常常促使學生可以比較深入去思考他們的工作。你如何在你的陳述說明中，改善你講解概念的清晰度？你的概念如何產生改變？你可以提供其他的例子來支持你的看法嗎？你論證的依據是什麼？這如何與你的目標產生相關？要激發學習的行爲，某種程度的焦慮是必要的；想要知道和了解的承諾——皮亞傑稱爲「失衡」（disequilibrium）狀態，有些稱作「認知失調」（cognitive dissonance）。不管名稱爲何，回饋提供學生學習所需的動能，促使學生從他們工作、思考或構想後續做法的現況，推升至表現的進階階段。

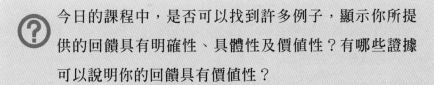

今日的課程中，是否可以找到許多例子，顯示你所提供的回饋具有明確性、具體性及價值性？有哪些證據可以說明你的回饋具有價值性？

在許多方面，學習就像是在爬樓梯——每爬一個階梯就是推升理解至更高一個層次。有些樓梯有高的豎板和淺的踏板，有些則剛好相反；有些樓梯符合我們自然的步伐，有些則需要費力些；甚至爬樓梯也存在

差異，有些人一次爬一個階梯，有些人則精力旺盛，一次爬兩個或三個階梯。

這樣的比喻讓我們想到維果茨基的近側發展區（Vygotsky, 1978），稍早在訣竅6有相關的討論。此處，我們可以把最佳發展區看作是我們自己本身可以做到，以及我們需要他人的協助才能做到，兩者之間的差距所形成的區域。有效的教學會挑戰學生，正好超越他們能獨立完成工作的能力水平。關鍵在於這句「正好超越」（just beyond），樓梯或步伐的規格大小，從學生可以獨自做好，到需要他人協助完成工作，兩者間差距所形成的近側發展區，就像是爬樓梯或步伐的多寡，每個人都不同。因此，鷹架的提供是關鍵的做法，提供每一個學生符合其能力水平的挑戰。而診斷性和形成性的評量則是引導鷹架提供或所需支持的程度。若採用同一水平的鷹架支持，那可能會讓一些學生感到無趣，而另外一些學生卻可能倍感挫折。但是差異化的鷹架支持卻可以為你的學生成就個別化的學習。提供鷹架的範例包括以下做法：

・學生尚未閱讀學習內容之前，可以先說明或彰顯主要的概念，藉以協助那些閱讀較為吃力的讀者。

・提出特定且具引導性的問題，來協助個別學生或一群學生，超越思考或學習的路障。

・重新檢視先前所學的知識或課程，以導引學生不完整的思考。

・採取並行的示例，提供學生難度和樣式符合其水平的鷹架，然後讓學生自己解決先前他們所碰到的問題。

在今天的課程中，協助學生學習而所提供的鷹架，相
關的回饋是來自於學生還是你？

形成性評量

多年來，研究的發現已相當明確：若能在每天師生互動的活動中，經常並有效地運用形成性評量，學生的成就表現會提高（Black, Harrison, Lee, Marshall, & Wiliam, 2004）。會有如此的成效是因為形成性評量讓我們可以持續了解學生知道什麼，能夠做什麼，同時也讓我們在進行總結性評量前，可以依據學生的需求，調整教學。教師常常會掉入這樣的陷阱，認為學生能理解內容是因為他們所進行的教學活動，或是源自他們對接收端學生所實施的知識性和深入性的講解。事實上，接觸一個主題或概念，並不等於就是深入學習，形成性評量讓我們可以超越假設，蒐集必要的證據和資料，讓我們了解現況並引導我們的教學。

所有有效的形成性評量主要有兩個要素：(1)蒐集來自學習者的資料；(2)教師依據整理的資料來調整教學。在課堂教學的討論活動中，向個別的學生提問，是一種相當好的形成性評量方式。討論是有幫助的，但它不屬於形成性評量，除非每一個學生都有受到提問。

形成性評量的範例包括學習過程的探究、配對思考分享、拼圖法（每個人都是專家團體的一部分，之後再回到原屬團體進行分享）、測

驗、倒數法（fist to five）（對個人理解的快速自我評量）、即時反應系統（點擊法）、找出口（exit slips），以及自我評量。對我而言，在所有的形成性評量中，有兩個最具效用，而且使用起來方便快速。首先，每一位學生拿到一張索引卡，卡的一面兩邊分別是A和B，另一面兩邊則是C和D，學生在回答選擇題或對／錯問題時（對＝A和錯＝B），迅速地展示其所認定的正確回應，同時用手將不正確的選項遮起來。不需要電池，也不會有所謂的科技故障，更不需要啓動時間。更重要的是，這種做法很便宜。另外一個我喜歡的做法是使用迷你型的白板，每一位學生的問題回答都可以利用他／她自己的白板，然後舉起白板上所回答的問題內容。這種做法讓學生可以繪畫、寫字、示範、提問或綜合各類的回答。

我們先不管所使用過的策略 —— 其實還有許多可供運用的策略——有效的形成性評量並不分等第，會蒐集每一位學生的資料（不會只蒐集部分學生），而且有各種不同的形式。最重要的是，教師要能確認會在學生學習的過程中，經常固定地向**所有**學生蒐集有意義性的資料。我挑戰所有教師的做法，提出每個課程至少應進行三次的形成性評量，雖然這樣的評量次數可能過於武斷。更明確的說，學習眞正的力量發生在形成性評量階段——不是在總結性評量階段。

> ⦿ 在今天的課程中，你會在哪個地方對所有學生實施形成性評量？所蒐集的資料讓你知道些什麼，而這些資料又如何協助你的教學？今天的課程中，你多久會檢視所有學生的學習進程？評量資料讓你知道哪些學習訊息？你所做的哪些決定是依據這些資料？

　　或許對於有效教學和學習最具深遠影響的主張是David Ausubel（1968）所提出來的論述，雖然他的觀點似乎很簡單。他說：「影響學習最重要的單一因素是學習者的先備知能。確認學習者所知，再循序教導。」（p. vi）其所代表的意義是只要我們持續將所欲學習的新概念連結學習者的先備知識，那麼學習是沒有限制的。

　　作為教育工作者，我們常常會先假設學生的先備知識，學生正努力學習之處，以及他們明確不懂的地方。有效能的教師會跳脫這些假設，他們會尋求證據來支持或駁斥本身的直覺。評量學生的先備知識需要與所有的學生一起來檢視，而不是僅在討論活動中，從一位學生的回應來判斷所有學生可能具有的知識概況。此外，當我們利用診斷性測驗來蒐集學生所具有的先備知識時，此時的目標並不是要去澄清、修正或釐清任何的錯誤觀念，這些任務是要等到稍後學生已經掌握相關內容之後才會進行。換言之，診斷性測驗的目標是協助我們在教學的過程中，洞悉要往哪個方向，以及哪些內容需要澄清了解。

所有學生在學習目前的課程／單元時，教師對於學生所具有的相關先備知識，有多少的了解？最近獲得多少的成長——個別學生以及全班學生？

從羅馬的西塞羅到南非的曼德拉，偉大的演說家展現格言所示，卓越的演說包括三個要素：

· 告知他們你即將講述之事。
· 向他們講述。
· 告知他們你已講述之事。

對教育工作者而言，你的目標並不是告知他們，而是引導學生盡可能地投入於學習經驗。所以對老師來說，三要素的說法最好能如下述所言：

· 提供明確的目標。
· 引導學習者參與。
· 歸納片段成要點。

我們很難發現課堂教學的目標沒有被明確標示或寫在某處，教師通常對於上述三項要素中的第一項較為熟悉。事實上，要確認學習者可以在課程結束前，清楚了解他們所能做的程度——這項任務從一開始就是一項挑戰性的工作。第二項要素，引導學習者參與，一直都是本書前面幾個章節，例如訣竅2、4、5及6等內容的核心。最後一項要素，歸納片段成要點，這部分在專業發展計畫中很少被提及討論，而在課堂的教學活動中也不明顯。明確地說，我們很少看到在課堂學習活動結束

前，能夠紮實地引發學生有所感的要素，可以在內容中提取要點或運用其他形式的總結方法。從17,000個班級教學的觀察（Antonetti & Garver, 2015），證實了前述所提到主要忽略的地方，除了教師簡述先前的活動內容外，僅僅只有不到1%的班級教學，會引導學生參與，提供總結課程的經驗。

> ❓ 你在今天的教學活動中，如何進行總結或摘述內容？你如何簡述明天的課程？這些教學的總結活動如何增進學習，同時又如何傳達未來的教學和互動？

訣竅七的行動

為了指引你的討論、自我反思和接下來的步驟，針對訣竅7的核心概念：**回饋引導學習**和**形成性評量**，請考慮以下行動：

▶▶▶ 行動：利用目的性的回饋來降低錯誤、差錯及曲解

學習最常出現在學習者尚未精熟或熟練的地方。因此，你的教學需要讓學生進行探究、挑戰以及鼓勵他們深思熟慮地參與活動。當你挑戰其他人的看法，回饋就自然成為課堂教學互動的必要元素。在數學課堂，你可以先呈現一種常見但卻錯誤的解決方法，讓學生進行討論或個

別要求學生指正錯誤或出現差錯的地方，並提出如何正確地解決問題。在英語課堂，你可以讓學生分析寫作不佳的論述或問題，讓學生配對討論，以改善書寫表達的能力。上述的兩個教學案例，回饋可以來自學生和你。在自然科學課堂，學生可以分析來自團體的資料集以及所做成的結論。你的回饋可以用問題的形式呈現，例如像是這樣的問句：「這些證據可以支持此結論嗎？」「還有其他的觀點嗎？」「你如何說明？」記得，學生的錯誤可以帶來機會——回饋、導入及成長的機會。簡言之，不論你是透過立即性的指引，或是檢視做得不好或不正確的作業案例，你都可以提高課堂中的合作性回饋。

最後，回饋不需要都集中在負面訊息（不正確、表現差）。你也可以將回饋應用在示範或表彰卓越的表現。在所有的案例中，具體明確是最重要的。當你的評論缺乏明確性，學生就很難認清什麼是需要改變的，或了解哪一個是典範。職是之故，與其說：「棒極了」、「很傑出」，或「做得很好」，你倒可以說：「你做了一件很棒的工作，把所有的概念統整起來，成為一個明確的結論。」「在每一個解決步驟中，你提供相當好細節，很容易獲得其他人的認同。」「我喜歡你知道如何提供四個不同的歷史觀點，而不僅止於一個觀點，來說明相關歷史事件是如何導致美國內戰。」

> ? 在你即將要上的課程中，如何提供更有意義的回饋給
> 學生？你如何投入營造學生願意分享且討論錯誤的課
> 堂文化？

▶▶▶ 行動：利用形成性的家庭作業來提供鷹架，幫助學習

如果家庭作業是一種形成性的評量，那它是否也需要給予等第？也許不要，但這卻讓我們陷入一個困境，因為家庭作業不給予評等，學生通常不會想去做。

我提出一種不同的做法來鼓勵學習，擴大學生的參與。首先，要求學生檢查他們自己的作業（迅速貼出答案）。比起教師隨意在教室走動，詢問學生如何回答每一個問題，學生自己檢查作業的活動方式，可以節省許多的時間。當學生自我檢視他們的作業時，你可以了解他們是如何完成作業。然後，你給予學生時間，說明他們感到困難或不清楚的地方，這有助於增進課堂中有意義性的互動。你可以給予作業等第，不過是採取不同的方式。學生完成作業可以得到一半分數，而對於所選定的一或兩個問題的正確修正，則可以獲得另一半分數。這些問題類似於即將進行測驗中的題目。如果學生的答案錯誤，那他們就需要說明錯誤之處，同時也要提供需要指正的問題，或討論他們所學習的概念上較難理解的地方，如此他們才可以拿到全部的分數。

這樣的做法改變了家庭作業的焦點，它不再是一種懲罰性的作業，要求你花許多時間評比學生的作業，但對於學生的學習卻沒有任何

的實質效益。新的做法是要求學生進行後設認知思考（找到自己發生錯誤的地方，並且清楚地表達自己所碰到的困難和挑戰），同時也可以提供教師有關學生學習有困難之處，這些具有價值性的訊息，如果有必要，可以協助教師調整教學。如果班級中有愛說話的學生，作業未完成卻又喜歡干擾打斷活動，那就要求他們務必對於作業進行檢視，說話前完成他們的作業。假如學生藉此故意逃避課堂的討論，那你就需要改變你的做法或思考，因為這可能變成學生一種自我防衛的方式。

> （?）如果你指派家庭作業，你如何鼓勵學生可以有更多的參與？你如何讓作業與學習更相關，而不是那麼強調正確性？你如何防止學生隨便回答，只想完成作業拿到分數？

▶▶▶行動：善用形成性評量，確保優質的學習旅程

如果一艘大型郵輪的船長指出船航向的最後目的地，然後離開舵輪，等到船要靠岸時，再回來掌舵，這聽起來是相當荒謬的。然而，當你的教學沒有安排持續的形成性評量，你同樣也是指向終點的目標線，期待所有的學生都準備好抵達目的地，展現十足精熟的學習結果。海上會有許多突發狀況，進而改變既有的航行路線（例如：風向、潮流、速度、引擎馬力等）。同樣地，每天的課堂活動也會發生許多事，影響或阻礙了學習（例如：形成迷思概念、練習時間不夠、教學過於抽象、缺

乏達到成功的技能）。

　　雖然目標指出你所承諾要帶領學生前往的旅程終點，但形成性評量卻有助於你掌握學生學習進展的情形，了解達到終點的距離，同時如果有必要，進行路線修正。在你每天的教學活動中融入形成性評量，試著運用各種不同的策略，看看哪些策略最具效用。不要輕易放棄任何評量的做法或策略，除非你至少試驗過三次。

> ❓ 你如何使用 —— 以及多常使用形成性評量來改善學生的學習，以及相關知識和技能的保留？你如何依據你從形成性評量所獲得的回饋來調整你的教學？

▶▶▶行動：選擇能擴大學習成果的形成性評量

　　形成性評量提供許多的好處，但是數量繁多且類型不同的形成性評量卻可能令人畏懼。評量策略對於學生學習的成效，各有不同。因此，要能從中獲得最佳的效益，就應該把焦點擺在可以直接改善學生學習成效的策略上，這點非常重要。舉例來說，在一個實例中，教師要求學生閱讀資料，然後進行小考，當作是一種形成性評量，結果學生在一週後，比起那些沒有進行小考的學生，有超過50%的保留率，顯見其效果（Brown et al., 2014）。

　　在訣竅4的章節中，我討論另外一種形成式評量的優點 —— 交錯式練習活動 —— 同時練習不同的知能，而不是隔離的單元能力。交錯式練

習活動讓學生可以搭起鷹架，同時持續地強化所學習的內容，這樣的方式比起在單元最後所進行的填鴨學習要有效多了。研究發現，交錯式學習比填鴨式學習更具效用（Bjork et al., 2013; Rohrer & Taylor, 2007）。

另外一種特別有效的形成性評量策略的實例是——簡易的自我測驗，這種在小考或測驗前實施的方式比單純地重讀內容或要點要有效多了。教導學生如何自我測驗或測驗他人，是很重要的工作，因為這項技能並不是學生自然就擁有，學生必須要學習才能具備。一般而言，學業成就表現較為成功的學生，都已經學會或經由向協助他們準備應試的家長、兄弟姊妹或家教所示範的做法中，習得自我測驗。

許多學生採取惡補方式準備考試，但是如果學習的目標是知識的保留，那麼最好的策略是此處所介紹的方式——利用小考來確認已扎根的內容，同時了解哪些地方需要再努力學習；交錯式練習活動；以及自我測驗和同儕小考。

> **(?)** 在你的課堂教學中，你至少會運用15到20種哪些不同類型的形成性評量？（查詢書籍或網站來找到相關內容）長期來看，哪些形成性評量和鷹架最有利於學生的學習？

▶▶▶ 行動：採用創意方式來總結課程內容

許多老師預設地採用一種再平常不過的總結性策略，就像是逃生

口或驗票口一樣。雖然常被認為是一種合適的方式，但如果在每一個班級，每位老師都採用這種方式，如此活動將流於單調乏味。你要學生可以將所學內容紮實地連結起來，同時在課程的總結活動能提供一些不同的策略，藉以激發學習的動機。以下所提供的創意性做法是協助學生總結所學內容的有效策略：

· **如何推文**！發出能精準呈現今日課程的推文（140字以內）（依據一般字彙的長度，一則推文大約有20至23個字，而這項技巧是練習精確性的有效方法。但是要確認學生是真的花時間來寫推文，而不是在數字數）。

· **這只是**！以12個或更少的用字來為資料訊息下標題，且能概括教學目標或課程內容的意義。

· **過去和現在**。扼要摘述所改變的內容。具體而言，你認為過去是怎樣，而如今又有什麼不同的想法？

· **把它畫下來**！畫出能傳達概念的圖像、意象或卡通圖案，並搭配25個或更少的用字來簡短說明標題或進行解說。

· **親愛的強尼**。寫一張明信片（索引卡）給缺席的同學（真實的或虛構的）來描述今天的課程（這項技巧在班級中有多位同學真的缺席時，特別有效，因為隔天可以將此卡片送給同學）。

雖然由教師主導的內容摘述有時候會有幫助，但能引導學生參與後設認知方面活動的摘述或課程總結，其所產生的效益更大。當你要求學生綜合、提問或分析他們在課堂所進行的活動和作業時，他們會比較清楚了解自己所知和不知的地方。而當他們承認自己不懂時，他們會更投

入更多的參與，提出更多的問題，同時更努力地研讀。

記得在進行摘述或內容總結時，並不一定要選在課程進入尾聲時才做。特別是因爲探究或解說常常是在課程結束前，會有較好的成效。此外，如果你習慣保留課程結束那段時間來讓學生進行獨立作業活動，那最好讓學生在進行獨立作業活動前，先實施總結性活動。

> 你會如何進行課程摘述或總結課程？學生如何參與類似活動（你的主張根據爲何）？教學所運用的總結活動讓你和你的學生知道學習進展的情形爲何？你如何變化課程的總結性活動，讓學生有更多後設認知思考的活動，而由你所提供的概要摘述則比較少？

結　論
往前邁進

　　是的，我們有必須公開說明的規定。沒錯，除了學校的牆面外，我們對於發生在學生身上的任何事情，所能控制的部分有限。但是我們對於影響學生成功的教師因素卻有極大的操控權。這些因素非常重要，如果好好運用，可以提供一種鼓勵所有學生發展、成功和學習的文化。

　　在學年中，中學教師約有180小時的時間，讓所有的學生達成重要的學習成效。小學教師則有更多的時間來達成此目標，但也有更多的規範需要去說明。教師在學年中所介紹的事實和細節事項，學生會遺忘多數的內容，那要如何保留呢？在學生離開後，他們會帶走哪些內容呢？

　　學習內容持續保留的因素難道是記憶乘法表，背誦莎士比亞的十四行詩，正確畫出水的循環圖，抑或是列出新石器時代的五項史料嗎？或者是學生知道如何解決複雜問題，能夠討論哪些因素成就一部偉大的文學作品，傳達水資源在永續環境中的重要性，或說明一種文化如何向別種文化學習？後面所舉的這些例子並沒有排除了解事實的重要性。只不過，事實變為次要，而不是主要，能引發帶動學習的要素，才是最重要的。

　　本書旨在挑戰你以及你學校的教師，讓大家更深入地思考，哪些做法可以使教學與學習更有效。前三項的訣竅是較為基礎，但對於學習

成功是相當重要的（訣竅一：發展能連貫並連結學生學習進展的課程；訣竅二：運用策略、資源與科技促進學習；以及訣竅三：營造安全、尊重、組織良好的學習環境）。後面四項訣竅則是挑戰你慣用的教學方式，藉以改善教學互動，深化學習並提高創造力（訣竅四：安排具挑戰性且嚴謹的學習經驗；訣竅五：激發互動與重思考的學習；訣竅六：建構具有創意與問題解決的文化；訣竅七：提供能引導和提示教與學的檢視、評量和回饋）。

所有七項訣竅共同地鼓勵你改善教學的目的性，最後協助學生成功學習。高效能的教學並不會突然出現。它是持續成長的結果，過程中，明天總會比今天好一些——即使今天已經有相當傑出的表現。你成長的幅度以及持續邁向卓越教師的程度，完全取決於你個人。

本書雖然沒有提供完全的解決方案，但是如果老師們願意接受挑戰，對於他們本身的教學活動進行探討和批判，那本書的建議將能協助教師向前邁進一大步。我們都應該在班級教學中努力追求卓越。而本書所介紹的訣竅做法則提供了具體明確的步驟，所有的教師和學校在竭盡心力，朝向熟練的過程中，都可以參酌應用。訣竅不僅是檢核表，它提供了一套描述性準則，可以協助教師引導對話，鼓勵訊息資料的蒐集，同時對於二十一世紀教學所需要呈現的樣貌和風範，提供較高的標準。

附錄A
教師教學目的性實踐量表（TIPS）

訣竅一：發展能連貫並連結學生學習進展的課程

評分	1（待成長）	3（熟練）	5（典範）
學習進展（1a）	實施完善、連貫的學習進展		
	課程含有錯誤內容，缺乏清晰性，與課綱、目標與評量對應不良。	課程大體清晰，順序合乎邏輯，與課綱、可測量之教學目標與評量能對應良好。教學內容精確。	課程一貫清晰，順序合乎邏輯，與課綱、可測量之教學目標與評量能對應良好。教學內容精確且與學生相連結。
	課程教學將歷程／實作與概念／內容相分離。	課程將實作／歷程與知識相整合。	課程要求學生投入歷程／實作與概念／內容之學習。
學習連結（1b）	將學習連結學生的生活與大概念		
	與學科的大圖像沒有建立明確的連結。	學習與學科的大圖像或與其他學科有明確的連結。	課程／概念與本學科及／或其他學科的大圖像在課程各處均建立有多重的連結。
	與學生生活沒有建立明確的連結。	建立了連結，使內容與學生生活或先前學習有所連繫。	連結豐富、活潑，且與學生生活及先前學習相連繫。學生積極參與和真實世界建立連結。
整個訣竅1的評分			
回饋／評論			

訣竅二：運用策略、資源與科技促進學習

評分	1（待成長）	3（熟練）	5（典範）
學生中心的策略（2a）	透過學生中心的學習方法促進學習		
	策略和學習完全是抽象的。	提供透過具體經驗和視覺方法研讀抽象概念與想法的策略。	除左列熟練條件之外，能夠將抽象觀念和具體經驗做明確的連結。
	學生是消極的學習者，教學大部分聚焦在孤立事實和知識的記憶。	學生是積極的學習者，課堂時間大部分均能從事概念理解建立的支持。	學生在整堂課都是積極的學習者，聚焦在連結知識和技能，促進深度的概念理解。
	學習僅僅是教師中心和教師主導的。	教學策略主要是以學生為中心，不只是要求模仿或確認教師的示範而已。	教學策略以學生為唯一的中心，不只是模仿或確認教師的示範而已。
資源和科技（2b）	提供資源和科技來支持學習		
	教材和資源並不能幫助學習者將抽象概念具體化。	教材和資源提供將所研讀的抽象概念，加以具體化和視覺化的方法。	教材和資源提供學習者將所研讀的抽象概念，加以具體化和視覺化的多元方法。
	教材、資源、策略和科技大部分是缺乏的，或缺乏目的性，讓學習分心且缺乏效率。	教材、資源、策略和科技符合目的，且不會過度分散，能夠增強學習。	教材、資源、策略符合目的，而科技是能夠轉化的，讓我們做一些不無可能的事。
整個訣竅2的評分			
回饋／評論			

訣竅三：營造安全、尊重、組織良好的學習環境

評分	1（待成長）	3（熟練）	5（典範）
課堂流暢（3a）	順利和有效地管理教學時間和非教學事務		
	教師在轉換後難以適當地掌握教學節奏並重新聚焦班級；大量的非學習時間，時間被浪費。	教學節奏和轉換有效且平順，轉換時幾乎很少時間的損失。	除左列熟練條件之外，學生在課堂中，對提示通常會自動地回應。
	教學程序不連貫且缺乏組織。中斷和非教學的任務，明顯地消耗掉時間。	教學程序明確、有目的且吸引學生參與。任何非教學的中斷都是簡短的，能讓學生很快重新聚焦。	在過程中高度的自動是顯而易見的。中斷後，老師幾乎沒有或很少提示，學生就能迅速回到常規。
	學生的行為就像不知道基本常規或感到困惑。	常規平順流暢，為學生所知，並且讓學習很少中斷。	除左列熟練條件之外，學生熟悉並快速地回應常規提示。班級出現「自動運作」的情形。
課堂互動（3b）	有效管理學生行為，培養尊重和協作的氣氛		
	行為管理缺乏或執行不力。學生行為明顯損害了班級安全和教學進展。	行為管理是顯而易見，明顯主動積極的，當必要時有適當的反應。	除左列熟練條件之外，學生迅速回應管理的期望，一致性地重新聚焦在自我和他人。
	教師展現負面的影響且缺乏耐心。	教師傳達可信賴的風度、正向的情感和耐心。	除左列熟練條件之外，所有學生都參與創造正向、尊重的環境。
	教師表現得不可接近，提供很少或沒有支持，是高傲的，經常諷刺及／或明顯不尊重。	教師在互動期間，平易近人、支持和尊重學生。	教師對所有學習者展現出積極的支持，學生能夠與其同儕尊重的對話。
整個訣竅3的評分			
回饋／評論			

訣竅四：安排具挑戰性與嚴謹的學習經驗

評分	1（待成長）	3（熟練）	5（典範）
營造具挑戰性的文化（4a）	營造努力不懈與高度期望的氛圍		
	對學生期望太低及/或沒有清楚的向學生傳達。	教師設定適當的期望，並向學生傳達這個期望。	教師與學生共同追求高度期望。
	教師沒有示範且學生也未展現出毅力、堅持不懈和自我監控。	教師有示範且大部分學生展現出毅力、堅持不懈和自我監控。	不管是哪種能力程度的學生都能展現出毅力、堅持不懈和自我監控。
提供學習上的挑戰（4b）	提供具挑戰性、差異化的學習經驗		
	課程顯得粗略，缺少挑戰性與嚴謹性。	課程提供適當的挑戰。	課程提供一個明顯能讓所有學生適當挑戰的機會。
	教學方式單一且未能鷹架支持大部分的學生進行學習。	教學方式差異化，且提供適當的鷹架支持以滿足不同的學習準備度的學生。	所有學習者有差異化的學習挑戰，適當的鷹架支持以協助學得最多。
整個訣竅4的評分			
回饋／評論			

訣竅五：激發互動與重思考的學習

評分	1（待成長）	3（熟練）	5（典範）
互動的文化（5a）	形塑豐富互動的文化		
	教師未能積極主動的將學生納入課程中，未能或很少看見學生參與。	在課程許多不同的地方能夠提問，刺激學生的參與和投入。	持續在課程各處提問，以刺激所有學生的參與和投入。
	沒有明顯促進師生或學生同儕之間的互動；教學壓抑了對話、提問或動機。	互動能及時促進對話、激發投入及／或動機。	互動能夠在整節課各處持續促進對話、激發投入與動機。
	所有的學習只有內在（個人）的或是僅有人際（協作）的，未見兩者的均衡。	學習經驗在人際（協作）的與內在（個人）的取得平衡。	除左列熟練條件之外，人際（協作）的與內在（個人）的學習能適時並有效的連結課程內容。
投入的深度（5b）	有助於思考性與目的性的投入		
	互動和教學任務缺乏明確的目的及與學生個人的連結。	互動和教學任務有目的性（連結到關鍵技能及／或知識），與個人化（與學習者有關聯，能激發、吸引學習者）。	除左列熟練條件之外，學生透過討論、反思，或其他觀察到的資料，提供連結到個人應用的證據。
	互動聚焦於正確答案上，期待的是典型的簡短答案。	互動過程中能經常挑戰學生，使其解釋、說理及／或證明其提出的想法與解答。	除左列熟練條件之外，學生時常批判其他學生與教師的回答。
整個訣竅5的評分			
回饋／評論			

訣竅六：建構具有創意與問題解決的文化

評分	1（待成長）	3（熟練）	5（典範）
創意性的文化（6a）	強化具有創意和探究的學習環境		
	學生被期待以先前呈現知識的方式來回應。	表現思維和概念的創意形式受到鼓勵，教師示範創意性做法。	學生被期待能運用創新方式來進行溝通、分享、呈現及／或討論看法，同時因此而受到讚賞。
	學生的好奇心和提問力受制於教師的行動。	文化持續並鼓勵學生的好奇心和提問力。	好奇心和提問力普遍出現於課程多個面向。
問題解決的環境（6b）	提供鼓勵創意和問題解決的學習經驗		
	沒有機會探究開放性的問題，學生只是模仿老師。	教師建構可供學生探究的開放性問題並尋求解決方案。	除左列熟練條件之外，學生在面對複雜及／或需要多個步驟完成的開放性問題時，其尋求解決方案的過程是相當自我導向的。
	課程聚焦在單一觀點／解決方案未允許或鼓勵學生運用創意。	教師所呈現的課程能提供學生考量多元觀點並思考變通性的方案／解釋。	學生無需教師的督促就能主動考量多元觀點並提供變通性的方案／解釋。
	每件事物在學生探究／提問／觀察之前，就已經被定義或告知。演算規則、定義或解釋都先於經驗；或是沒有進行任何的探究。	教師在正式解說之前，會協助學生先就主要的概念或觀點進行探究。	除左列熟練條件之外，學生在設計規劃探究活動時，會扮演主動的角色。
整個訣竅6的評分			
回饋／評論			

訣竅七：提供能引導和提示教與學的檢視、評量和回饋

評分	1（待成長）	3（熟練）	5（典範）
回饋引導學習（7a）	提供回饋來引導並支持學生的學習		
	教師缺乏回饋或回饋內容不夠具體且模糊不清。	教師經常提供具體和焦點回饋。	教師（情況合宜時，學生）一致性地提供焦點回饋且直接與目標連結。
	教師回饋相當少或沒有回饋。唯有修正式回饋（對或錯）才會提出來。	教師經常提供回饋，搭起鷹架，協助學生學習。	除左列熟練條件之外，回饋來得即時——當多數需要回饋，教師即適時提供。
形成性評量（7b）	依據形成性評量的資料來調整教學		
	形成性評量並不明顯，除非是對於個別學生所提出的理解性問題。	所有在課堂中學習的學生會接受許多的形成性評量，同時利用所獲得的資料來引導教學決定。	除左列熟練條件之外，依形成性評量的資料，對於學生實施差異化教學。學生例行地進行自我評量以監控自己的學習。
	先前的知識並不進行評量。	先前的知識在教學之初進行評量，以確認學生所擁有的先備能力和相關的迷思概念。	先前知識／迷思概念明確地呈現並清楚地應用於說明和引導教學。
	沒有課程的報告／總結。	課程的概述／總結明確地呈現。教師從部分學生身上蒐集資料，以引導下一個階段的教學步驟。	除左列熟練條件之外，資料的蒐集來自全體學生，以追蹤學生理解的程度。
整個訣竅7的評分			
回饋／評論			

附錄B
資源和參考書目

　　有時候我們清楚自己的需求，但不知道去哪裡尋找答案、方向或焦點，來滿足這些需求。當你在7個訣竅中的一個或多個，開始專注進行專業發展時，這裡列出有用的若干資源。有些書和文章，我發現很有洞見、內容豐富，而且挑戰我的想法。如果可能，我鼓勵你都能熟悉所有這些資源。但是要考慮你閱讀的優先順序，首先問問自己最關鍵的需求為何，以及哪一個或多個資源可能有助於你解決這些問題。在個別訣竅的列表中，標題後面帶有星號者，是適用於一個以上多個訣竅。參考書目出現在本附錄之末，提供這些資源更完整的出版訊息。

資源

　　這些書，是我認為所有領導者和教育工作者應該熟悉的：

- *Mindset* (Dweck, 2006)
- *How People Learn* (Bransford, Brown, & Cocking, 2000)
- *Understanding by Design* (Wiggins & McTighe, 2005)
- *The Passionate Teacher* (Fried, 2001)
- *How We Think* (Dewey, 1910)

- *Horace's School* (Sizer, 1992)
- *Drive* (Pink, 2009)
- *The Tipping Point* (Gladwell, 2000)

訣竅一：發展能連貫並連結學生學習進展的課程

- *The Teaching for Understanding Guide* (Blythe, 1998)*
- *Understanding by Design* (Wiggins & McTighe, 2005)
- *Essential Questions* (McTighe & Wiggins, 2013)

訣竅二：運用策略、資源與科技促進學習

- *Succeeding with Inquiry in Science and Math Classrooms* (Marshall, 2013)*
- *Making Thinking Visible* (Ritchhart, Church, & Morrison, 2011)*
- *The Teaching for Understanding Guide* (Blythe, 1998)*
- "Effective, sustained inquiry-based instruction promotes higher science proficiency among all groups: A 5-year analysis." (Research that justifies the importance of inquiry and shows the achievement gap can be narrowed) (Marshall & Alston, 2014)
- *The Organized Mind* (Levitin, 2014)*

訣竅三：營造安全、尊重、組織良好的學習環境

- *The First Days of School* (Wong & Wong, 1998)
- *Teaching with Love and Logic* (Fay & Funk, 1998)
- *Discipline with Dignity* (Curwin, 2008)
- *Classroom Management That Works* (Marzano, 2003)

訣竅四：安排具挑戰性且嚴謹的學習經驗

• *The Differentiated Classroom: Responding to the Needs of All Learners* (Tomlinson, 2014)
• *Make It Stick: The Science of Successful Learning* (Brown, Roediger III, & McDaniel, 2014)
• *Finding Flow* (Csikszentmihalyi, 1997)
• *Integrating Differentiated Instruction and Understanding by Design* (Tomlinson & McTighe, 2003)

訣竅五：激發互動與重思考的學習

• *17,000 Classroom Visits Can't Be Wrong* (Antonetti & Garver, 2015)*
• *Succeeding with Inquiry in Science and Math Classrooms* (Marshall, 2013)*
• *Asking the Right Questions: A Guide to Critical Thinking* (Browne & Keeley, 2015)
• *Quiet* (Cain, 2013)

訣竅六：建構具有創意與問題解決的文化

• *Making Thinking Visible* (Ritchhart et al., 2011)*
• *The Organized Mind* (Levitin, 2014)*
• *Curious: The Desire to Know and Why Your Future Depends on It* (Leslie, 2014)
• *Sparking Student Creativity* (Drapeau, 2014)
• *Learning and Leading with Habits of Mind* (Costa & Kallick, 2008)

訣竅七：提供能引導和提示教與學的檢視、評量和回饋

- *Brain-Friendly Assessments* (Sousa, 2015)
- *Visible Learning* (Hattie, 2009)
- *Science Formative Assessment* (Keeley, 2008) (The resource can easily be adapted for any discipline.)
- *17,000 Classroom Visits Can't Be Wrong* (Antonetti & Garver, 2015)*
- *Grading Smarter, Not Harder* (Dueck, 2014)

參考書目

Antonetti, J. V., & Garver, J. R. (2015). *17,000 classroom visits can't be wrong: Strategies that engage students, promote active learning, and boost achievement*. Alexandria, VA: ASCD.

Blythe, T. (1998). *The teaching for understanding guide*. San Francisco, CA: Jossey-Bass.

Bransford, J. D., Brown, A. L., & Cocking, R. R. (2000). *How people learn: Brain, mind, experience, and school,* expanded edition. Washington, DC: National Academies Press.

Brown, P. C., Roediger III, H. L., & McDaniel, M. A. (2014). *Make it stick: The science of successful learning*. Cambridge, MA: Belknap Press of Harvard University Press.

Browne, M. N., & Keeley, S. M. (2015). *Asking the right questions: A guide to critical thinking* (11th ed.). Boston, MA: Pearson.

Cain, S. (2013). *Quiet: The power of introverts in a world that can't stop talking*. New York: Random House.

Costa, A. L., & Kallick, B. K. (2008). *Learning and leading with habits of mind: 16 essential characteristics for success*. Alexandria, VA: ASCD.

Csikszentmihalyi, M. (1997). *Finding flow*. New York: Basic Books.

Curwin, R. L. (2008). *Discipline with dignity: New challenges, new solutions*. Alexandria, VA: ASCD.

Dewey, J. (1910). *How we think*. Lexington, MA: D.C. Heath.

Drapeau, P. (2014). *Sparking student creativity: Practical ways to promote innovative thinking and problem solving*. Alexandria, VA: ASCD.

Dueck, M. (2014). *Grading smarter, not harder: Assessment strategies that motivate kids and help them learn*. Alexandria, VA: ASCD.

Dweck, C. S. (2006). *Mindset: The new psychology of success*. New York: Ballantine Books.

Fay, J., & Funk, D. (1998). *Teaching with love and logic: Taking control of the classroom*. Golden, CO: Love and Logic Institute.

Fried, R. L. (2001). *The passionate teacher: A practical guide*. Boston: Beacon.

Gladwell, M. (2000). *The tipping point*. New York: Little, Brown.

Hattie, J. (2009). *Visible learning: A synthesis of over 800 meta-analyses relating to achievement*. London: Routledge.

Keeley, P. (2008). *Science formative assessment: 75 practical strategies for linking assessment, instruction, and learning*. Thousand Oaks, CA: Corwin Press.

Leslie, I. (2014). *Curious: The desire to know and why your future depends on it*. New York: Basic Books.

Levitin, D. (2014). *The organized mind: Thinking straight in the age of information overload*. New York: Dutton.

Marshall, J. C. (2013). *Succeeding with inquiry in science and math classrooms*. Alexandria, VA: ASCD & NSTA.

Marshall, J. C., & Alston, D. M. (2014). Effective, sustained inquiry-based instruction promotes higher science proficiency among all groups: A 5-year analysis. *Journal of Science Teacher Education, 25*(7), 807–821. doi: 10.1007/s10972-014-9401-4

Marzano, R. (2003). *Classroom management that works: Research-based strategies for every teacher*. Alexandria, VA: ASCD.

McTighe, J., & Wiggins, G. (2013). *Essential questions: Opening doors to student understanding*. Alexandria, VA: ASCD.

Pink, D. (2009). *Drive: The surprising truth about what motivates us*. New York: Riverhead Books.

Ritchhart, R., Church, M., & Morrison, K. (2011). *Making thinking visible:*

How to promote engagement, understanding, and independence for all learners. San Francisco: Jossey-Bass.

Sizer, T. R. (1992). *Horace's school: Redesigning the American high school.* Boston: Houghton Mifflin.

Sousa, D. A. (2015). *Brain-friendly assessments: What they are and how to use them.* West Palm Beach, FL: Learning Sciences International.

Tomlinson, C. A. (2014). *The differentiated classroom: Responding to the needs of all learners* (2nd ed.). Alexandria, VA: ASCD.

Tomlinson, C. A., & McTighe, J. (2003). *Integrating differentiated instruction and understanding by design: Connecting content and kids.* Alexandria, VA: ASCD.

Wiggins, G., & McTighe, J. (2005). *Understanding by design* (expanded 2nd ed.). Alexandria, VA: ASCD.

Wong, H. K., & Wong, R. T. (1998). *The first days of school: How to be an effective teacher.* Mountain View, CA: Harry K. Wong Publications.

附錄C
需求評估工具

	問題	頻率分數 0-5	信心分數 0-2	證據分數 0-2	學生支持分數 0-1	總分	排序
1a	我的課程能連貫一致（課綱、目標、課程內容／活動和評量，都是明確、連貫且編排有序）						
1b	我的課程能吸引學生投入過程技能和內容的學習						
1c	我的課程能夠連結學科內的其他內容以及其他學科						
1d	我的課程能夠連結學生的生活和真實世界						
					總分1：		
2a	我的學生能夠主動參與教學，並將抽象概念連結具體經驗						
2b	我的教學策略是學生中心的（不只是要求學生模仿或再認而已）						
2c	我的教材和資源能夠使抽象概念具體化和視覺化						

2d	我的教材、資源和策略是有目的性的,而科技是可以變換的(容許學生做不無可能的事)						
					總分2:		
3a	我的步調和轉換是有效率和平順的,學生可以針對提示即時回應						
3b	我的班級常規運作順暢,學生幾乎都能自動自發						
3c	我傳達可信賴的風度、對學生有正向的情感和耐心,我的學生也能夠參與正向和尊重的互動。						
3d	我和學生互動的過程是親近、支持和尊重的						
					總分3:		
4a	我對所有學生建立並傳達高度與適切的期望						
4b	我能示範並讓學生展現出堅持、毅力和自我監控						
4c	我確保所有學生不論能力高低都能獲得適切的學習挑戰						
4d	我能針對不同準備度的所有學生,差異化和鷹架支持他們的學習						
					總分4:		
5a	我激發所有學生整堂課都能參與和投入						

5b	我促進學生整堂課都能有對話的、投入的與激勵的互動					
5c	我的作業和課堂互動有目的性和個人性					
5d	我的學生都被要求對別人的回應，給予解釋、說理、辯護和評論					
					總分5：	
6a	我示範創意的方法，並期望學生找出新奇的方式，來傳達、分享、呈現、討論觀念					
6b	我能在我的課堂上建構好奇和提問的文化					
6c	我的學生對開放式問題頗能自我導向學習並積極尋求解決方案					
6d	我期望學生能考慮多元觀點或替代解決方案／解釋					
					總分6：	
7a	我提供具體、聚焦的回饋，而不只是像「是／否」或「對錯」的確認性反應而已					
7b	我提供經常性的回饋來構築學習鷹架					
7c	我使用形成性評量來了解教與學的成效					
7d	我持續探測所有的學生，以確定其先備知識和迷思概念					
					總分7：	

附錄D
觀察紀錄表

表1　高效能教師的七個成功訣竅：
觀察前會談紀錄表

授課教師：＿＿＿＿任教年級：＿＿＿＿任教領域／科目：＿＿＿

回饋人員：＿＿＿任教年級：＿＿＿(選填)任教領域／科目：＿＿(選填)

備課社群：＿＿＿＿＿＿(選填)教學單元：＿＿＿＿＿

觀察前會談(備課)日期：＿＿年＿＿月＿＿日；地點：＿＿＿

預定入班公開授課(教學觀察)日期：＿＿年＿＿月＿＿日；

地點：＿＿＿＿

一、如何發展能連貫並連結學生學習進展的課程（包括核心素養、學習表現、學習內容、學生先備知識與起點行為等）：

二、如何運用策略、資源與科技促進學習（包括教學預定流程與策略、學生學習策略或方法等）：

三、如何營造安全、尊重、組織良好的學習環境（包括學生特性、班級氣氛、師生互動經驗等）：

四、深入觀察焦點（可複選）：
☐1.安排具挑戰性且嚴謹的學習經驗
☐2.激發互動與重思考的學習
☐3.建構具有創意與問題解決的文化
☐4.提供能引導和提示教與學的檢視、評量和回饋

五、回饋會談日期與地點：（建議於教學觀察後三天內完成會談為佳）
日期：＿＿年＿＿月＿＿日
地點：＿＿＿＿＿

表2　高效能教師的七個成功訣竅：觀察紀錄表

授課教師：＿＿＿＿　任教年級：＿＿＿＿　任教領域／科目：＿＿＿

回饋人員：＿＿＿　任教年級：＿＿＿(選填)任教領域／科目：＿＿＿(選填)

教學單元：＿＿＿＿；教學節次：共＿＿節，本次教學為第＿＿節

觀察日期：＿＿＿年＿＿月＿＿日

訣竅／檢核重點	事實摘要敘述（含教師教學行為、學生學習表現、師生互動與學生同儕互動之情形）	專業回饋		
		典範	熟練	待成長
1.發展能連貫並連結學生學習進展的課程				
1-1.學習進展：實施完善、連貫的學習進展	□教學內容精確　□課程具清晰性 □課程順序合乎邏輯　□課程、教學及評量對應良好　□能整合課程內涵 說明：＿＿＿＿＿＿			
1-2.學習連結：將學習連結到學生的生活和大概念	□能連結學科大圖像／其他學科 □能連結學生生活／先前學習經驗 說明：＿＿＿＿＿＿			
2.運用策略、資源與科技促進學習				
2-1.學生中心策略：透過學生中心的學習方法促進學習	□能使學習視覺化和具體化 □能積極吸引學習者 說明：＿＿＿＿＿＿			
2-2.資源和科技：提供資源和科技來支持學習	□科技和資源能幫助學習　□良好地運用科技與資源的課堂環境　□能讓科技發揮意想不到的學習效果 說明：＿＿＿＿＿＿			
3.營造安全、尊重、組織良好的學習環境				
3-1.課堂流暢：順利和有效地管理教學時間和非教學事務	□能引導安全、尊重、協作的互動，並使教學時間最大化的課堂 □增加連結來改善學習　□能讓課堂流暢 說明：＿＿＿＿＿＿			

3-2.課堂互動：有效管理學生行為，培養尊重和協作的氣氛	□班級組織良好　□學生主動參與課堂　□建立尊重的課堂環境 說明：_____			
4.安排具挑戰性且嚴謹的學習經驗				
4-1.挑戰文化：促進堅持和高期望的氣氛	□能建立學生的自我控制 □能培養學生學習毅力 說明：_____			
4-2.教學挑戰：提供挑戰和差異化的學習經驗	□能配合學生現有的能力表現給予學習挑戰　□能滿足學生個別差異 說明：_____			
5.激發互動與重思考的學習				
5-1.互動文化：促進豐富的互動文化	□能有具吸引力的提問　□能建構環繞著「如何」與「為什麼」的對話　□兼具個別學習與合作學習 說明：_____			
5-2.參與程度：促進有思考和目的性的學生參與	□從自我中心到概念中心的學習 □能增加課程、主題或問題目的與學生的關聯　□藉由要求學生解釋、說理與證明來增加期望 說明：_____			
6.建構具有創意與問題解決的文化				
6-1.創意性文化：強化具有創意和探究的學習環境	□能激發學生的好奇心　□採用學生中心的學習方法 說明：_____			
6-2.問題解決的環境：提供鼓勵創意和問題解決的學習經驗	□能營造解決問題的環境　□能使學生學習思考聚焦並引導為清楚明確的結論、精煉的概念或具體的看法　□能使學生深入思考進而激發創意 說明：_____			
7.提供能引導和提示教與學的檢視、評量和回饋				
7-1.回饋引導學習：提供回饋來引導並支持學生的學習	□提供回饋引導學習　□運用有效的回饋　□深化回饋的價值 說明：_____			
7-2.形成性評量：依據形成性評量的資料來調整教學	□善用形成性評量　□蒐集學生在學習中有意義的資料　□提供具體明確的回饋 說明：_____			

表3　高效能教師的七個成功訣竅：
觀察後回饋會談紀錄表

授課教師：_____　任教年級：_____　任教領域/科目：_____ 回饋人員：_____　任教年級：___(選填)任教領域/科目：___(選填) 教學單元：_____；教學節次：共___節，本次教學爲第___節 觀察日期：___年___月___日；地點：_____

請依據觀察工具之紀錄分析內容，與授課教師討論後填寫：

一、授課教師的心得與感想：

二、回饋人員的學習與收穫：

二、教與學之優點及特色（典範、熟練的檢核重點）：

四、教與學待調整或改變之處（待成長的檢核重點）：

五、授課教師預定專業成長計畫（於回饋人員與授課教師討論後，由回饋人員填寫）：

成長方式 （加入七個訣竅之行動方案勾選、其他：請文字敘述）	內容概要說明	協助或合作人員	預計完成日期
訣竅1的行動方案 □檢查課程內容知識使精確性和清晰性最大化 □發展對應良好的課程 □使用主要問題來連結學習 □使用「門檻考查」連結學生 訣竅2的行動方案 □讓學習具體化 □吸引學習者投入			

□成為以學生為中心的學習 □改善科技的有效性 □確保有目的、變革性的科技 訣竅3的行動方案 □教學流暢最大化 □使用有效的程序來獲得有效的學習 □用不同的鈴聲來創造正向的習慣 　和常規 □主動積極的班級經營 □建立作為教師的身分 訣竅4的行動方案 □建立學生的自我控制 □培養學生的學習毅力，且適時提 　供適當之協助 □配合學生現有的能力給予學習挑戰 □重新思考終點線，並賦予差異新 　的觀點 訣竅5的行動方案 □建構具吸引力的提問 □建構環繞「如何」與「為何」的 　對話 □從自我中心到概念中心的學習 □增加目的性與關聯性 □藉由要求學生解釋、說理與證明 　來提高期望 訣竅6的行動方案 □以「沙漏式」的方式進行學習以 　促進學生的創意性思考 □規劃「聯邦快遞日」（自主探究 　分享日）以鼓勵學生的好奇心和 　創意			

☐重新認識並嘉許冒險以鼓勵開放的學習 ☐為學生提供多元觀點或問題解決的學習機會 ☐講解說明並總結關鍵要點前，能讓學生多探究、多思考 訣竅7的行動方案 ☐利用目的性的回饋來降低錯誤、差錯及曲解 ☐利用形成性的家庭作業來提供鷹架，幫助學習 ☐善用形成性評量，確保優質的學習旅程 ☐選擇能擴大學習成果的形成性評量 ☐採用創意方式來總結課程內容			

修改自：Marshall, J. C.(2016).*The Highly Effective Teacher:7 Classroom-Tested Practices That Foster Student Success*. Alexandria VA: ASCD.

附錄E
高效能教師的七個成功訣竅內涵說明與行為描述

訣竅／ 檢核重點	內涵說明	評定等級與行為描述
1.發展能連貫並連結學生學習進展的課程		
1-1.學習進展：實施完善、連貫的學習進展	**1.教學內容精確**：能確認希望學生在課程或單元結束之後能夠知道哪些知識，以及能夠具備哪些技能，並對於教導這些知識技能擁有可靠的內容知識，能精確的示範教導，沒有迷思概念，或者知悉學生可能有哪些迷思概念。 **2.課程具清晰性**：能用適當的內容與方式講解知識技能，或者發問問題、命題考試，學生對於教師的教學、發問、考查或期望，不會感到茫然困惑，無須教師不斷地重述，或者遭遇挫折失敗。 **3.課程順序合乎邏輯**：課程的進展合乎學生學科邏輯或學生學習心理，基本上要能從具體到抽象。 **4.課程、教學及評量對應良好**：課程、教學及評量均能夠緊密地對應並聚焦於課綱或教學目標，不致各行其是。	◎**待成長**：(1)課程含有錯誤內容，缺乏清晰性，與課綱、目標與評量對應不良。(2)課程教學將歷程／實作與概念／內容相分離。 ◎**熟練**：(1)課程大體清晰，順序合乎邏輯，與課綱、可測量之教學目標與評量能對應良好。教學內容精確。(2)課程將實作／歷程與知識相整合。 ◎**典範**：(1)課程一貫清晰，順序合乎邏輯，與課綱、可測量之教學目標與評量能對應良好。教學內容精確且與學生相連結。(2)課程要求學生投入歷程／實作與概念／內容之學習。

	5.課程內涵整合／分離：課程中所教導的知識與技能彼此之間，或者「概念／內容」與「歷程／實作」彼此之間，能夠相互統整結合，而不是隔離孤立的教導，毫無關聯。	
1-2.學習連結：將學習連結學生的生活和大概念	**1.連結學科大圖像／其他學科**：學習本課程能夠連結到本學科的主要大概念，或者與其他學科的學習內容產生關聯。又或者，本課程的學習將有助於本學科後續內容或者其他學科的學習。 **2.連結學生生活／先前學習**：課程能夠在較為真實具體的背景脈絡中進行，與學生相關的人事物、社會時事，或者與先前本學科／其他學科的學習等有所關聯，讓學生感受到學習的需求或價值，引發學生的學習興趣。	◎**待成長**：(1)與學科的大圖像沒有建立明確的連結。(2)與學生生活沒有建立明確的連結。 ◎**熟練**：(1)學習與學科的大圖像或與其他學科有明確的連結。(2)建立了連結，使內容與學生生活或先前學習有所連繫。 ◎**典範**：(1)課程／概念與本學科及／或其他學科的大圖像在課程各處均建立有多重的連結。(2)連結豐富、活潑，且與學生生活及先前學習相連繫。學生積極參與和真實世界建立連結。
	**2.運用策略、資源與科技促進學習**	
2-1.學生中心的策略：透過學生中心的學習方法促進學習	**1.學習視覺化和具體化**：要讓學習視覺化和具體化，教學策略需要確保學生不僅發展基本的技能，而且要學習對他們有意義的議題裡真實和複雜的觀念。 **2.積極吸引學習者**：教學策略能積極地吸引所有學習者，而不僅僅是聽講或模仿而已，可用於讓學生沉浸學習，而不是將他們保持在機械、被動的狀態。具體來	◎**待成長**：(1)策略和學習完全是抽象的。(2)學生是消極的學習者，教學大部分聚焦在孤立事實和知識的記憶。(3)學習僅僅是教師中心和教師主導的。 ◎**熟練**：(1)提供具體經驗和視覺方法研讀抽象概念與想法的策略。(2)學生是積極的學習者，課堂時間大部分均能從事支持概念理解的建立。(3)教學策略主要是以學

	說，諸如探究導向的教學策略，以及相關諸如問題導向和專題導向的學習策略，可以為學習者提供深層和有目標的參與機會。	生為中心，不只是要求模仿或驗證教師的示範而已。 ◎**典範**：(1)除上列熟練條件之外，能夠將抽象觀念和具體經驗做明確的連結。(2)學生在整堂課都是積極的學習者，聚焦在連結知識和技能，促進深度的概念理解。(3)教學策略以學生為唯一的中心，不只是模仿或確認教師的示範而已。
2-2.資源和科技：提供資源和科技來支持學習	**1.科技和資源要用在幫助學習**：科技和資源要能夠使學習具體化和視覺化，幫助學習、人際互動和批判思考。 **2.考慮更好地運用科技與資源的課堂環境**：教師需要考慮如何更好地使用這些科技和資源，來實現我們的目標，包括更多的學生參與。 **3.讓科技發揮意想不到的學習效果**：科技有效使用時，可以運用以前不可能的方式來激勵和吸引學習者，獲得更好的學習效果。	◎**待成長**：(1)教材和資源並不能幫助學習者將抽象概念具體化；(2)教材、資源、策略和科技大部分是缺乏的，或缺乏目的性，讓學習分心且缺乏效率。 ◎**熟練**：(1)教材和資源提供將所研讀的抽象概念，加以具體化和視覺化的方法。(2)教材、資源、策略和科技符合目的，且不會過度分散，能夠增強學習。 ◎**典範**：(1)教材和資源提供學習者將所研讀的抽象概念，加以具體化和視覺化的多元方法。(2)教材、資源、策略符合目的，而科技是能夠轉化的，讓我們做一些不無可能的事。
3.營造安全、尊重、組織良好的學習環境		
3-1.課堂流暢：順利和有效地管理教學時間和非教學事務	**1.引導安全、尊重、協作，把教學時間最大化的課堂**：教師的角色在引導以安全、尊重和協作的方式互動，將課堂教學移向最大化的時間花在學習，和最小化的時間花在非教學的慣例、程序和轉	◎**待成長**：(1)教師在轉換後難以適當地掌握教學節奏並重新聚焦班級；大量的非學習時間，時間被浪費。(2)教學程序不連貫且缺乏組織。中斷和非教學的任務，明顯地消耗掉時間。(3)學生的行

	換的方向前進。 2.**增加連結來改善學習**：學生需要在整個課程中看到價值，當開始、期間和結束，都圍繞著一個中心概念或想法建立連結時，改善學習的機會將大大增加。 3.**讓課堂流暢**：課堂流暢包括規範和常規，將規範和常規結合到教學，從多種原因是有利的。常規包括每件事，從學生進入教室和開始課堂學習，到他們的家庭作業應該做什麼，也涉及人際方面，例如舉手說話，或是在討論時如何有效地回應他人的期望。	為就像不知道基本常規或感到困惑。 ◎**熟練**：(1)教學節奏和轉換有效且平順，轉換時幾乎很少時間的損失。(2)教學程序明確、有目的且吸引學生參與。任何非教學的中斷都是簡短的，能讓學生很快重新聚焦。(3)常規平順流暢，為學生所知，並且讓學習很少的中斷。 ◎**典範**：(1)除上列熟練條件之外，學生在課堂中，通常對提示會自動地回應。(2)在過程中高度的自動是顯而易見的。中斷後，老師幾乎沒有或很少提示，學生就能迅速回到常規。(3)除上列熟練條件之外，學生熟悉並快速地回應常規提示。班級出現「自行運作」的情形。
3-2.課堂互動：有效管理學生行為，培養尊重和協作的氣氛	1.**班級組織良好**：班級組織和安排良好，那麼行為管理就成為課堂互動的一個小背景組成而已。 2.**學生主動參與課堂**：讓學生在課堂中參與，建立人際關係，提高學生在課堂學習的主動性。 3.**建立尊重的課堂環境**：管理良好的班級高度依賴於尊重——教師對學生、學生對老師和學生之間互動的相互尊重。在相互尊重的情況下，使課堂進行有意義的討論。教師要建立尊重、支持和平易近人的課堂環境。	◎**待成長**：(1)行為管理缺乏或執行不力。學生行為明顯損害了班級安全和教學進展。(2)教師展現負面的影響且缺乏耐心。(3)教師表現的不可接近，提供很少或沒有支持，是高傲的，經常諷刺及／或明顯不尊重。 ◎**熟練**：(1)行為管理是顯而易見，明顯主動積極的，當必要時有適當的反應。(2)教師傳達可信賴的風度，正向的情感和耐心。(3)教師在互動期間，平易近人、支持和尊重學生。 ◎**典範**：(1)除上列熟練條件

		之外，學生迅速回應管理的期望，一致性地重新聚焦在自我和他人。(2)除上列熟練條件之外，所有學生都參與創造正向、尊重的環境。(3)教師對所有學習者展現出積極的支持，學生能夠與其同儕尊重的對話。
4.安排具挑戰性且嚴謹的學習經驗		
4.1挑戰文化：促進堅持和高期望的氣氛	**1.建立學生的自我控制**：透過要求學生展示出解決問題的路徑，標示出資料中的證據，詳述出多樣的答案。 **2.培養學習毅力**：課程為學生中心導向，課程目標在激發持續力與展現學習毅力；能夠加長學生願意持續的時間，讓學生處理問題持續一段時間，再提供需要的引導（不是給答案）去解決問題。	◎**待成長**：(1)對學生期望太低及／或沒有清楚的向學生溝通。(2)教師沒有示範且學生也未展現出毅力、堅持不懈和自我監控。 ◎**熟練**：(1)教師設定適當的期望，並向學生傳達這個期望。(2)教師有示範且大部分學生展現出毅力、堅持不懈和自我監控。 ◎**典範**：(1)教師與學生共同追求高度期望。(2)不管是哪種能力程度的學生都能展現出毅力、堅持不懈和自我監控。
4.2教學挑戰：提供挑戰和多樣性的學習經驗	**1.配合學生現有的能力表現給予學習挑戰**：學生面對挑戰、問題與疑惑上，教師能變化提供不同程度的鷹架支持，對於學習感到困擾的學生，提供清楚的範例；而對於能夠很快理解概念的學生，提供額外的挑戰或問題讓他們去探索。 **2.個別差異**：了解所有學生不同的準備程度，並面對這些需求而修正教學；透過各式各樣的練習與綜合練習以適	◎**待成長**：(1)課程顯得粗略，缺少挑戰性與嚴謹性。(2)教學方式單一且未能鷹架支持大部分的學生進行學習。 ◎**熟練**：(1)課程提供適當的挑戰。(2)教學方式差異化，且提供適當的鷹架支持以滿足不同的學習準備度的學生。 ◎**典範**：(1)課程提供一個明顯能讓所有學生適當挑戰的機會。(2)所有學習者有差異

	應學生不同的需要，學生選擇或探索不同方法去學習問題解決，運用綜合練習促進持久的學習，鼓勵思考與想法，教學連結新舊經驗。	化的學習挑戰，適當的鷹架支持以協助學得最多。
5.激發互動與重思考的學習		
5-1.互動文化：促進豐富的互動文化	**1.編擬具吸引力的提問**：所問的問題吸引學生、分享最近的時事、提出兩難問題，或者是聚焦學生曾經提問的事物，問題能夠吸引學生參與學習，而不是回答課程內容。 **2.建構（架構）環繞著「如何」與「為什麼」的對話**：透過提問「如何」以及「為什麼」的問題讓學生對話。 **3.兼具個別學習與合作學習**：實施「思考—配對—分享」的方法，以引導式問題透過分享並省思。	◎**待成長**：(1)教師未能積極主動的將學生納入課程中，未能或很少看見學生參與。(2)沒有明顯促進師生或學生同儕之間的互動；教學壓抑了對話、提問或動機。(3)所有的學習只有內在（個人）的或是僅有人際（協作）的，未見兩者的均衡。 ◎**熟練**：(1)在課程許多不同的地方能夠提問，刺激學生的參與和投入。(2)互動能及時促進對話、激發投入及／或動機。(3)學習經驗在人際（協作）的與內在（個人）的取得平衡。 ◎**典範**：(1)持續在課程各處提問，以刺激所有學生的參與和投入。(2)互動能夠在整節課各處持續促進對話、激發投入與動機。(3)除上列熟練條件之外，人際（協作）的與內在（個人）的學習能適時並有效的連結課程內容。
5-2.參與程度：促進思考性與目的性的學生參與	**1.從自我中心到概念中心的學習**：讓學生能夠彼此討論概念與想法，當學生不認同某一個答案，可以嘗試計算不同的解答，讓學生環顧所有	◎**待成長**：(1)互動和教學任務缺乏明確的目的及與學生個人的連結。(2)互動聚焦於正確答案上，期待的是典型的簡短答案。

	答案，並嘗試去估計哪裡會有錯誤發生，在思考了不同的可能答案之後，教師才會指出哪一個答案是正確的，以讓學生對於他們的答案有更多的主導權而不依賴老師。 **2.增加目的與關聯**：將課程、問題或者是主題連結到音樂、運動或者是學生感興趣的內容，透過情感激發提高學生注意力。 **3.藉由要求學生解釋、說理與證明來增加期望**：以「為什麼你那樣想？」「你是如何知道的？」「我們要如何算出？」等問題來激發更深入的思考及挑戰學生；讓學生專注在具挑戰性的問題以發展出他們所欠缺的能力。	◎**熟練**：(1)互動和教學任務有目的性（連結到關鍵技能及／或知識），與個人化（與學習者有關聯，能激發、吸引學習者）。(2)互動過程中能經常挑戰學生，使其解釋、說理及／或證明其提出的想法與解答。 ◎**典範**：(1)除上列熟練條件之外，學生透過討論、反思，或其他觀察到的資料，提供連結到個人應用的證據。(2)除上列熟練條件之外，學生時常批判其他學生與教師的回答。
6.建構具有創意與問題解決的文化		
6-1.創意性文化：強化具有創意和探究的學習環境	**1.激發學生的好奇心**：教師欲強化學生的創意，需要激發學生的好奇心並鼓勵他們提問，進行深入性的思考，不囿於記憶背誦。 **2.採用學生中心的學習方法**：要提高學生的探究能力必須改善學生的學習動機和參與度，採用學生中心的學習方法。而學生中心取向的學習核心是教師在進行正式講解或推論演算前，要讓學生能依據教材進行探究並深入檢視，進行思考。	◎**待成長**：(1)學生被期待以先前呈現知識的方式來回應。(2)學生的好奇心和提問力受制於教師的行動。 ◎**熟練**：(1)表現思維和概念的創意形式受到鼓勵，教師示範創意性做法。(2)文化持續並鼓勵學生的好奇心和提問力。 ◎**典範**：(1)學生被期待能運用創新方式來進行溝通、分享、呈現及／或討論看法，同時因此而受到讚賞。(2)好奇心和提問力普遍出現於課程多個面向。

6-2.問題解決的環境：提供鼓勵創意和問題解決的學習經驗	1.**營造解決問題的環境**：真實世界的問題經常會涉及多元的觀點，同時也存有各種不同的解決方式。在每一種領域中，學習就像拼圖一樣，由許多的圖片拼成，每一片都有助於整塊拼圖的完成。有鑒於此，解決問題的環境就是提供鼓勵創意和問題解決的學習經驗，讓學生可以從多元的觀點來進行學習。 2.**體驗學習猶如沙漏**：學習像是一個沙漏，教師協助學生將學習思考聚焦並導引為清楚明確的結論、精煉的概念或具體的看法。爾後，再藉由要求他們採取可能的作為來應用、概述或改善這些思考成果，以延伸他們的理解。 3.**創意始於思考**：鼓勵學生在面對挑戰性問題、複雜事件或讓人產生好奇的情境時，要能從單純模仿教師行為，轉變成可以獨自思考、行動和回應。換言之，教師講解內容之前，先要求學生進行探究，可以引起學生的學習需求，激發學生的創意，並促使學生更深入思考。	◎**待成長**：(1)沒有機會探究開放性的問題，學生只是模仿老師。(2)課程聚焦在單一觀點／解決方案未允許或鼓勵學生運用創意。(3)每件事物在學生探究／提問／觀察之前，就已經被定義或告知。演算規則、定義或解釋都先於經驗；或是沒有進行任何的探究。 ◎**熟練**：(1)教師建構可供學生探究的開放性問題並尋求解決方案。(2)教師所呈現的課程能提供學生考量多元觀點並思考變通性的方案／解釋。(3)教師在正式解說之前，會協助學生先就主要的概念或觀點進行探究。 ◎**典範**：(1)除上列熟練條件之外，學生在面對複雜及／或需要多個步驟完成的開放性問題時，其尋求解決方案的過程是相當自我導向的。(2)學生無需教師的督促就能主動考量多元觀點並提供變通性的方案／解釋。(3)除上列熟練條件之外，學生在設計規劃探究活動時，會扮演主動的角色。
7.提供能引導和提示教與學的檢視、評量和回饋		
7-1.回饋引導學習：提供回饋來引導並支持學生的學習	1.**提供回饋引導學習**：提供回饋來引導並支持學生的學習係指教師提供鷹架，利用形成性評量持續重新評估學生發展中的結構以確保目標可以達成。而當目標未能達成	◎**待成長**：(1)教師缺乏回饋或回饋內容不夠具體且模糊不清。(2)教師回饋相當少或沒有回饋。唯有修正式回饋（對或錯）才會提出來。 ◎**熟練**：(1)教師經常提供具

	時，給予明確的回饋訊息，以協助學生進行後續的學習活動。 2.**運用有效的回饋**：教師所提供的回饋必須要與先前章節所介紹的其他訣竅相連結，才能發揮較佳的功效。而回饋要能符合具體、清晰、及時、可理解、可掌握、受重視的原則。回饋要受重視必須奠基在尊重的文化，也就是鼓勵對於來自同儕和教師的回饋能夠加以接受。 3.**深化回饋的價值**：回饋需要能促進自我導向或後設認知，也就是幫助學生理解他們所知道的內容、不知道的內容，以及他們如何從目前的能力向上進步提升。	體和焦點回饋。(2)教師經常提供回饋，搭起鷹架，協助學生學習。 ◎**典範**：(1)教師（情況合宜時，學生）一致性地提供焦點回饋且直接與目標連結。(2)除上列熟練條件之外，回饋來得即時──當多數需要回饋，教師即適時提供。
7-2.形成性評量：依據形成性評量的資料來調整教學	1.**善用形成性評量**：有效的形成性評量是教師要能蒐集來自學習者的資料，並依據整理的資料來調整教學。在課堂教學的討論活動中，向學生提問，是一種相當好的形成性評量方式。學習真正的力量發生在形成性評量階段，不是在總結性評量階段。 2.**蒐集學生意義性的資料**：有效的形成性評量並不會分等第，會蒐集每一位學生的資料（不會只蒐集部分學生），而且有各種不同的形式。最重要的是，教師要確	◎**待成長**：(1)形成性評量並不明顯，除非是對於個別學生所提出的理解性問題。(2)先前的知識並不進行評量。(3)沒有課程的報告／總結。 ◎**熟練**：(1)所有在課堂中學習的學生會接受許多的形成性評量，同時利用所獲得的資料來引導教學決定。(2)先前的知識在教學之初進行評量，以確認學生所擁有的先備能力和相關的迷思概念。(3)課程的概述／總結明確地呈現。教師從部分學生身上蒐集資料，以引導下一個階段的教學步驟。

	認能在學生學習的過程中，經常向所有學生蒐集意義性的資料。 **3.提供具體明確的回饋**：回饋不需要都集中在負面訊息（不正確、表現差）。教師也可以將回饋應用在示範或表彰學生卓越的表現，具體明確是最重要的。當教師的評論缺乏明確性，學生就很難認清什麼是需要改變的或了解哪一個是典範。	◎**典範**：(1)除上列熟練條件之外，依形成性評量的資料，對於學生實施差異化教學。學生例行地進行自我評量以監控自己的學習。(2)先前知識／迷思概念明確地呈現並清楚地應用於說明和引導教學。(3)除上列熟練條件之外，資料的蒐集來自全體學生，以追蹤學生理解的程度。

修改自：Marshall, J. C. (2016). *The Highly Effective Teacher:7 Classroom-Tested Practices That Foster Student Success*. Alexandria VA: ASCD.

參考文獻

Antonetti, J. V., & Garver, J. R. (2015). *17,000 classroom visits can't be wrong: Strategies that engage students, promote active learning, and boost achievement.* Alexandria, VA: ASCD.

Ausubel, D. P. (1968). *Educational psychology: A cognitive view.* New York: Holt, Rinehart, & Winston.

Banilower, E. R., Heck, D. J., & Weiss, I. R. (2007). Can professional development make the vision of the standards a reality? The impact of the National Science Foundation's local systemic change through teacher enhancement initiative. *Journal of Research in Science Teaching, 44*(3), 375–395.

Beghetto, R. A., & Kaufman, J. C. (2010). Broadening conceptions of creativity in the classroom. In R. A. Beghetto & J. C. Kaufman (Eds.), *Nurturing creativity in the classroom* (pp. 191–205). New York: Cambridge University.

Benard, B. (2004). *Resiliency: What we have learned.* San Francisco: WestEd.

Bjork, R. A., Dunlosky, J., & Kornell, N. (2013). Self-regulated learning: Beliefs, techniques, and illusions. *Annual Review of Psychology, 64*, 417–444. doi: 10.1146/annurev-psych-113011-143823

Black, P., Harrison, C., Lee, C., Marshall, B., & Wiliam, D. (2004). Working inside the black box: Assessment for learning in the classroom. *Phi Delta Kappan, 86*(1), 8–21.

Brown, P. C., Roediger III, H. L., & McDaniel, M. A. (2014). *Make it stick: The science of successful learning.* Cambridge, MA: Belknap Press of Harvard University Press.

Bybee, R. W., Taylor, J. A., Gardner, A., Van Scotter, P., Powell, J. C., Westbrook, A., & Landes, N. (2006). *The BSCS 5E Instructional Model: Origins, effectiveness, and applications.* Colorado Springs, CO: BSCS.

Cain, S. (2013). *Quiet: The power of introverts in a world that can't stop talking.* New York: Random House.

Csikszentmihalyi, M. (1997). *Finding flow.* New York: Basic Books.

Curwin, R. L. (2008). *Discipline with dignity: New challenges, new solutions.* Alexandria, VA: ASCD.

Darling-Hammond, L., Chung Wei, R., Andree, A., Richardson, N., & Orphanos, S. (2009). *Professional learning in the learning profession: A status report on teacher development in the U.S. and abroad.* Oxford, OH: National Staff Development Council.

Desimone, L. M., Porter, A. C., Garet, M. S., Yoon, K. S., & Birman, B. F. (2002). Effects of professional development on teachers' instruction: Results from a three-year longitudinal study. *Educational Evaluation and Policy Analysis, 24*(2), 81–112.

Dobuzinskis, A. (2014). Los Angeles iPad rollout for schools slowed by technical challenges. Available: http://www.huffingtonpost.com/2014/09/19/los-angeles-schools-ipads_n_5852662.html

Dreifus, C. (2013). Ideas for improving science education in the U.S. Available: http://www.nytimes.com/2013/09/03/science/ideas-for-improving-science-education-in-the-us.html?pagewanted=all&_r=0

Fay, J., & Funk, D. (1998). *Teaching with love and logic: Taking control of the classroom*. Golden, CO: Love and Logic Institute.

Hattie, J. (2009). *Visible learning: A synthesis of over 800 meta-analyses relating to achievement*. London: Routledge.

Howard, R. (Director). (1995). *Apollo 13* [movie]. Universal City, CA: Universal Pictures.

Joyner, R., & Marshall, J. C. (in press). Watch your step! An investigation of carbon footprints. *American Biology Teacher*.

Jung, C. G. (1971). *Psychological types*. Princeton, NJ: Princeton University.

Leslie, I. (2014). *Curious: The desire to know and why your future depends on it*. New York: Basic Books.

Lindgren, J., & Bleicher, R. E. (2005). Learning the Learning Cycle: The differential effect on elementary preservice teachers. *School Science and Mathematics, 105*(2), 61–72.

Marek, E. A., & Cavallo, A. M. L. (1997). *The Learning Cycle: Elementary school science and beyond*. Portsmouth, NH: Heinemann.

Marshall, J. C. (2008). An explanatory framework detailing the process and product of high-quality secondary science practice. *Science Educator, 17*(1), 49–63.

Marshall, J. C. (2013). *Succeeding with inquiry in science and math classrooms*. Alexandria, VA: ASCD & NSTA.

Marshall, J. C., & Alston, D. M. (2014). Effective, sustained inquiry-based instruction promotes higher science proficiency among all groups: A 5-year analysis. *Journal of Science Teacher Education, 25*(7), 807–821. doi: 10.1007/s10972-014-9401-4

Marshall, J. C., Alston, D. M., & Smart, J. B. (2015). TIPS: Teacher Intentionality of Practice Scale. Available: http://www.clemson.edu/hehd/departments/education/centers/iim/research-evaluation/tips.htm.

Marshall, J. C., Horton, B., & Smart, J. (2009). 4E × 2 Instructional Model: Uniting three learning constructs to improve praxis in science and mathematics classrooms. *Journal of Science Teacher Education, 20*(6), 501–516. doi: 10.1007/s10972-008-9114-7

Marshall, J. C., Smart, J B., & Alston, D. M. (2016). *Inquiry-based instruction: A possible solution to improving student learning*. Paper presented at a meeting of Association of Science Teacher Education, Reno, NV.

Marzano, R. (2003). *Classroom management that works: Research-based strategies for every teacher*. Alexandria, VA: ASCD.

McTighe, J., & Wiggins, G. (2013). *Essential questions: Opening doors to student understanding*. Alexandria, VA: ASCD.

Mickelson, R. A. (2003). The academic consequences of desegregation and segregation: Evidence from the Charlotte-Mecklenburg Schools. *North Carolina Law Review, 81*(4), 120–165.

Mischel, W. (2014). *The Marshmallow test: Mastering self-control*. New York: Little, Brown.

Myers, I. B., McCaulley, M. H., Quenk, N. L., & Hammer, A. L. (1998). *MBTI manual: A guide to the development and use of the Myers-Briggs type indicator* (3rd ed.). Palo Alto, CA: Consulting Psychologists Press.

National Board for Professional Teaching Standards. (2006). Making a difference in quality teaching and student achievement. Available: http://www.nbpts.org/resources/research

National Council for the Social Studies. (2013). *The college, career, and civic life (C3) framework for social studies state standards: Guidance for enhancing the rigor of K–12 civics, economics, and history.* Silver Spring, MD: NCSS.

Partnership for 21st Century Skills. (2013). *Framework for 21st century learners.* Available: http://www.p21.org/overview

Pashler, H., Bain, P. M., Bottge, B. A., Graesser, A., Koedinger, K., McDaniel, M., & Metcalfe, J. (2007). Organizing instruction and study to improve student learning. Available: http://ies .ed.gov/ncee/wwc/pdf/practiceguides/20072004.pdf

Penuel, W. R., Fishman, B. J., Yamaguchi, R., & Gallagher, L. P. (2007). What makes professional development effective? Strategies that foster curriculum implementation. *American Educational Research Journal, 44*(4), 921–958.

Pink, D. (2009). *Drive: The surprising truth about what motivates us.* New York: Riverhead Books.

Plutchik, R. (2001). The nature of emotions. *American Scientist, 89*(4), 344–350.

Rohrer, D., & Taylor, K. (2007). The shuffling of mathematics problems improves learning. *Instructional Science, 35*, 481–498.

Rosenshine, B., & Furst, N. (1971). *Research on teacher performance criteria.* Paper presented at the annual meeting of the American Educational Research Association, New York City.

Sadler, D. R. (2008). Beyond feedback: Developing student capability in complex appraisal. *Assessment & Evaluation in Higher Education, 35*(5), 535–550.

Schlam, T. R., Wilson, N. L., Shoda, Y., Mischel, W., & Ayduk, O. (2013). Preschoolers' delay of gratification predicts their body mass 30 years later. *The Journal of Pediatrics, 162*(1), 90–93. doi: 10.1016/j.jpeds.2012.06.049

Shute, V. J. (2008). Focus on formative feedback. *Review of Educational Research, 78*(1), 153–189.

Thiel, P. (2014). *Zero to one: Notes on startups, or how to build the future.* New York: Crown Business.

Tomlinson, C. A. (2014). *The differentiated classroom: Responding to the needs of all learners* (2nd ed.). Alexandria, VA: ASCD.

Tomlinson, C. A., & McTighe, J. (2003). *Integrating differentiated instruction and understanding by design: Connecting content and kids.* Alexandria, VA: ASCD.

Torrance, E. P. (Ed.). (1987). *Can we teach children to think creatively?* Buffalo, NY: Bearly Limited.

Vygotsky, L. (1978). *Mind in society: The development of higher psychological processes.* Cambridge, MA: Harvard University Press.

Wiggins, G., & McTighe, J. (2005). *Understanding by design* (expanded 2nd ed.). Alexandria, VA: ASCD.

Wong, H. K., & Wong, R. T. (1998). *The first days of school: How to be an effective teacher.* Mountain View, CA: Harry K. Wong.

Yu, A. (2014). Physicists, generals, and CEOs ditch the PowerPoint. *All Tech Considered.* Available: http://www.npr.org/sections/alltechconsidered/2014/03/16/288796805/physicists-generals -and-ceos-agree-ditch-the-powerpoint

國家圖書館出版品預行編目資料

高效能教師的七個成功訣竅／Jeff C.
Marshall著；賴光真等譯. －－初版. －－臺
北市：五南, 2017.10
面；　公分
譯自：The highly effective teacher : 7 classroom-
tested practices that foster student success
ISBN 978-957-11-9422-6（平裝）

1.有效教學策略　2.教學設計　3.班級經營

521.6　　　　　　　　　106016890

1I1A

高效能教師的七個成功訣竅

作　　者 — Jeff C. Marshall

譯　　者 — 賴光真　張民杰（215.1）　賴文聖　高博銓

發 行 人 — 楊榮川

總 經 理 — 楊士清

副總編輯 — 陳念祖

責任編輯 — 李敏華

封面設計 — 姚孝慈

出 版 者 — 五南圖書出版股份有限公司

地　　址：106台北市大安區和平東路二段339號4樓

電　　話：(02)2705-5066　　傳　　真：(02)2706-6100

網　　址：http://www.wunan.com.tw

電子郵件：wunan@wunan.com.tw

劃撥帳號：01068953

戶　　名：五南圖書出版股份有限公司

法律顧問　林勝安律師事務所　林勝安律師

出版日期　2017年10月初版一刷

定　　價　新臺幣280元